FROM GOOD SCHOOLS
TO GREAT SCHOOLS

从优秀学校到卓越学校

他们的校长在哪些方面做得更好

WHAT THEIR PRINCIPALS DO WELL

［美］苏珊·潘妮·格蕾（Susan Penny Gray） 著
威廉·A·史瑞西（William A. Streshly）

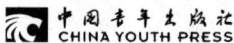

图书在版编目(CIP)数据

从优秀学校到卓越学校：他们的校长在哪些方面做得更好 /（美）格雷，（美）史瑞西著；芦艳玲译 .
—北京：中国青年出版社，2014.11
书名原文：From good schools to great schools: what their principals do well
ISBN 978-7-5153-2563-7

Ⅰ.①从… Ⅱ.①格… ②史… ③芦… Ⅲ.①校长学校管理 Ⅳ.① G471.2

中国版本图书馆 CIP 数据核字（2014）第 161746 号

From Good Schools to Great Schools: What Their Principals Do Well /
Susan Penny Gray, William A. Streshly.
Copyright © 2008 by Corwin
Simplified Chinese translation copyright © 2014 by China Youth Press
All rights reserved.

从优秀学校到卓越学校：
他们的校长在哪些方面做得更好

作　　者：	[美] 苏珊·潘妮·格雷　威廉·A·史瑞西
译　　者：	芦艳玲
责任编辑：	肖妩嫔
美术编辑：	张　艳
出　　版：	中国青年出版社
发　　行：	北京中青文文化传媒有限公司
电　　话：	010-65511272 / 65516873
公司网址：	www.cyb.com.cn
购书网址：	zqwts.tmall.com
印　　刷：	大厂回族自治县益利印刷有限公司
版　　次：	2015年3月第1版
印　　次：	2022年7月第2次印刷
开　　本：	787×1092　1/16
字　　数：	150千字
印　　张：	16
京权图字：	01-2013-7287
书　　号：	ISBN 978-7-5153-2563-7
定　　价：	59.90元

版权声明

未经出版人事先书面许可，对本出版物的任何部分不得以任何方式或途径复制或传播，包括但不限于复印、录制、录音，或通过任何数据库、在线信息、数字化产品或可检索的系统。

中青版图书，版权所有，盗版必究

前言	009
引言	013
致谢	019
作者简介	021
第一章　我们知道需要做什么，但为什么还是失败？	023

"从优秀到卓越"研究项目：探讨卓越校长的特质 / 025

"第五级经理人"的领导特质 / 029

"第五级经理人"的领导行为 / 032

未被单独列出来的两种特质 / 035

卓越的学校管理者区别于经理人的特质 / 037

卓越校长和比较组校长 / 038

卓越校长的九个特质 / 039

第二章　首先，建立良好的关系　　043

同第五级经理人不同的特质 / 044

【案例】邦德校长和菲尔德小学 / 046

卓越校长建立关系的能力 / 055

比较组校长遭遇的困境 / 058

思考 / 061

给校长的建议 / 061

第三章　锻炼你的职业意志，并保持谦卑　　063

校长是否拥有谦逊的品性？ / 065

个人谦卑：不同的表征 / 069

腼腆且自律的校长 / 071

开朗和充满激情的校长 / 076

比较组校长的意志力 / 080

思考 / 081

给校长的建议 / 081

第四章　将功劳归于别人，将责罚留给自己　　083

出人意料的谦虚 / 085

持续卓越的能力 / 085

将功劳归于别人 / 086

【案例】昂普休斯校长和贝语小学 / 088

卓越校长将失误归咎于自己 / 094

比较组校长将失败归结于他人 / 096

思考 / 098

给校长的建议 / 098

第五章 为了学校的成功而充满野心   099

为了学校而鼓起雄心壮志才是关键 / 101

【案例】艾斯柏林校长和密仙小学 / 102

卓越校长对于学校的雄心壮志 / 109

比较组校长的期望值较低 / 111

思考 / 113

给校长的建议 / 113

第六章 决心做必须做的，然后实施   115

不可动摇的决心在学校的应用 / 116

【案例】佩斯维尔校长和芒特小学 / 117

比较组校长缺乏坚定不移的决心 / 126

思考 / 128

给校长的建议 / 128

第七章　任人为用　　129

学校管理者在获得正确的人员方面的困难 / 131

获得正确人员的案例 / 132

卓越校长们"先人后事" / 134

比较组校长在用人方面的困难 / 137

思考 / 140

给校长的建议 / 140

第八章　直面残酷的现实　　141

学校面临的挑战 / 143

校长们面临过的残酷现实 / 144

卓越校长敢于直面残酷的现实 / 145

比较组校长的屈服和退让 / 149

思考 / 152

给校长的建议 / 152

第九章　发现你的教育引擎并对它充满热情　　153

研究者对引擎的质疑 / 155

教育引擎：与人类发展相关 / 155

【案例】福克斯校长和派斯小学 / 157

卓越校长遵循了刺猬理念 / 165

比较组校长难以抓住核心 / 166

思考 / 168

给校长的建议 / 168

第十章　建立训练有素的文化　169

这不是一个新的概念 / 170

成就训练有素的文化中遇到的困难 / 171

【案例】迪斯普林校长和亦歌小学 / 173

卓越校长扮演的角色 / 181

比较组校长建立校园文化的缺失 / 182

思考 / 183

给校长的建议 / 183

第十一章　公立学校和私企之间的异同　185

公立学校和私企之间的不一致 / 186

在领导力研究中所学到的 / 191

卓越校长如何建立信任 / 193

卓越通过听课来进行管理 / 196

思考 / 199

给校长的建议 / 200

第十二章 如何培养卓越校长 203

美国ISLLC标准 / 204

美国中部教育学习研究 / 206

寻找卓越 / 211

从企业领袖身上能够学到的 / 212

我们要进行怎样的改革 / 213

结语 / 220

思考 / 223

给校长预备项目计划的建议 / 223

参考资料A：研究方法 225
参考资料B：采访人员选取 231
参考资料C：采访提纲和问卷调查 237

前言

> 在充满竞争的社会里,你得到的结果只有两种:失败,或者改变,如果你想成功的话。
>
> ——莱斯特·斯罗(MIT斯隆商学院前院长)

当我第一次读到吉姆·柯林斯的著作《从优秀到卓越》时,我也开始好奇学校的管理者将如何运用这本书中的研究方法来改善公立学校教育体系中的领导问题。而本书的作者则正是如此,通过使用柯林斯的研究方法,以我们最成功的校长以及他们的行为和个性为研究对象,对这一问题做出了解答。他们的研究结果不仅仅是令人惊叹的,同时也是充满挑战性的。

作为南加州大学圣地亚哥校区的工作人员,苏珊·潘妮·格蕾和威廉·A.史瑞西负责培训学校的行政人员。他们在这本书中为初级学校管理者提供了一种新的学习模式,这种模式有别于传统的那些未经过研究所得出的经验性结论。它摒弃了以往在研究方面的简单介绍,而是以深入研究的实践活动为主要内容。基于同吉姆·柯林斯相似的研究方法,本书的作者已经在学校领导力方面构造起了最好的理论和思想。在这种研究模式里,学校的管理者们可以通过近距离地观察成功的管理者的经验和行为,来了解自己的领导方式和问题,最后将自己的学校引导成为更优秀的学校。学校的校长们可以利用这本书中所提到的理念,更好地管理学校并重塑自己的职业行为。

格蕾和史瑞西一致认为在制定州际学校领导人联盟标准的时候,这些制定者们已收集到足够的数据来支持他们的这项标准,这些标准常常更倾向于经验性的结论。不过,由于这些标准已经在美国各州都得到了认可,并且这些州以此标准为基础,制定出了自己新的标准,因此,对于我们这些希望获得个人提升的人员而言是非常不利的。而在使用柯林斯的研究模式中,本书的作者们建议使用一种新的模式为学校管理者进行培训。不仅如此,通过观察,他们还从学校管理者的身上发现了一些与柯林斯所做的首席执行官研究相似的地方,比如良好的团队合作力,这也是我们在这里补充的一个新的概念。

我最小的女儿艾丽莎去年成为了一名学校管理人员,而那个时候,她发现她所有学过的课程中竟然没有一项,能够真正对改善教学质量起到作用。用教育领域的行话来说就是,理论与实践之间脱节了。而这本书则将在很大程度上,帮助我的女儿在关键问题上做出决断，这也正是她和她的学校在实现他们对学生所做出的承诺中相当重要的一项，正如柯林斯所说，你对公司（学生/学校/员工）有多少关怀就需要有多少的决断力。我和她也都一致认为，如果教育界的管理人员没有足够的领导力和对第五级领导层的认同，那么我们国家所建立的每个人都能享受公平教育的目标就难以实现。

柯林斯在有关领导力方面的研究告诉我们，在领导力五级金字塔中，第四层和第五层之间有着巨大的鸿沟。而格蕾和史瑞西正是找到了这第四层和第五层之间的差异，那就是在一个稳定的阶段中长期有效地保持这种进步。从今天有关卓越的角度来看，这种转变是一个很关键的区分。然而，由于当前社会在判断一个学校是否成功的时候，常常是以高风险的考试模式作为判断标准的，因此，这种"长期稳定保持"的观念就被忽略了。

"我到底要怎么做才能使我的学校有所改变，让它变得更好？"你想知道如何给那些新的或有经验的校长关于这个问题的答案吗？本书的作者已经通过采访那些真正成功的校长，给了我们更深入的回答。通过这些谈话，我们可以以他们为榜样，改善我们自己的行为。伴随着第五级领导行为的拓展，这些卓越校长们将会一直支持这些有潜力，能长期管理校园，为学生及教职员工带来最大益处的教育者的发展。对于普通的行政人员，这本书无疑是一本非常有价值的职前读物，而对于所有就职，准备去面对所有挑战的校园管理者而言，它同样也有着巨大的价值。

玛奇·霍布斯

使你陷入困境的往往并不是那些你所未知的，而正是那些你所了解的。

——马克·吐温（作家）

这本书的主要目的在于，探讨那些有着特殊魅力的校长身上的领导特质，而正是这些校长能够让仅仅称得上优秀的学生一跃成为顶尖学生。而我们的读者也正是具有实践性和高追求的学校管理者，你们还同时肩负着校长预备项目的设计与实施的重大责任。

受益于吉姆·柯林斯在杰出的企业领导人方面的研究，正如他本人在其著作《从优秀到卓越》中所阐述的那样，我们也受到了极大的启发和鼓舞，开始着手进行一个关于杰出校长素质的类似调查研究。我们将我们的发现与柯林斯的《从优秀到卓越》进行了对比，希望从这个优秀的企业研究中学到一些有用的方法。而我们希望能用我们从中所获得的有价值的内容，帮助每一个正在寻求教育领导力的管理者。

本书的目的

本书的目的在于分享我们在过去几年里，对取得卓越成就的卓越校长进行的行为以及人格分析的成果。本书的读者群是那些充满实践性、有目标性的校长以及担任学校行政工作的管理人员，另外，我们也欢迎对如何有效提高校园领导力充满兴趣的读者朋友。

当我们刚开始这项研究的时候发现，这些卓越校长们的行为和特质是可以被学习的，这个想法让我们受到了极大的鼓舞。换种说法就是，我们可以让大多数的行政管理人员获得解决问题的技巧和方法，而这些正是可以让他们达成目标的捷径。与此同时，我们也认识到这些发现所具有的实际意义。这虽然只是一个很小的研究，但是这些发现却引发了更深刻的问题，当然这些发现只是线索，而不是结论。其中两个最重要的发现分别是：（1）我们研究中的校长行为与柯林斯所研究的首席执行官们的行为是相符的；（2）我们所研究的这些校长们的行为将直接关系到学生们未来的成功，而这也是最重要的原因。

从优秀到卓越

由于以上的原因，柯林斯的研究引发了我们极大的兴趣。他由确认卓越的公司和发问"为什么（他们卓越）？"开始了他的研究。这个方法同皮特斯和沃特门在1980年所做的研究相似，他们在那个时候研究了顶尖公司的领导力的问题。这两个案例的主要思想都在于检验良好的执行力和寻找他们如此优秀的原因。

检验"伟大的"校长

当我们开始研究的时候，就确信我们可以使用同柯林斯一样的方法来了解那些卓越校长的行为和个人特质。而接下来做的就是对六名高度成功的校长的定性分析。我们希望可以更多地了解这些在校长一职中最顶尖的人。

传统校长准备提问

我们有足够的理由来寻找是什么造就了卓越的学校领导者。我们在圣地亚哥州立大学的项目安排了所有的规定课程，而且一切都得到了经验与智慧的支持。颁发教师资格证是为了保护公众利益，而要求学校管理者学习校园法则完全符合这项条例。那么在课程管理和学校财务方面呢？又或者校园领导力方面呢？根据传统的智慧或者经验推断，在一所卓越校园的行政预备项目里，所有的这些都应该作为职前教育的一部分。

我想起了一位年轻的校园监管人的故事，那还是在他第一年担任监管人的时候。通常郡里为了准备监管人开幕式，会把当地的监

From Good Schools to
GREAT SCHOOLS

管人召集起来做资料审核的工作。而这名年轻人和另外两名优秀的监管人一同被分配给了资料审核委员会，为一所学校寻找合适的监管人。这另外两名监管人中，有一名在当时刚刚获得了美国学校管理委员会所授予的"年度最佳监管人"的荣誉。他们之间的对话从最普通的问题开始，"这个学校的监管人需要什么样的资质？"这名年轻的监管人毫不犹豫地回答："我认为他们一定要当过校长。"

多年以后，这名年轻的监管人回忆，当他知道这两名出色的监管人都没有做过校长的时候是多么地尴尬。他对于必须具备校长经历这一点的信念无疑是基于经验上的推测。当然这之中也有一些是大众意识，但这些都没有实际的证据可以证明。我们认为我们提供的大多数的内容都是重要的，但是这些是不是成就成功的校园领袖的关键呢？

我们的研究带领着我们去思考那些成功的校长所具有的特质和引领他们最终成功的特殊行为。虽然如此，我们的研究，正如柯林斯所做的研究以及皮特斯和沃特门在19年前所做的研究那样，仅能提供一个强有力的推论，而不是不可辩驳的事实。柯林斯研究的公司是11个，皮特斯和沃特门则是75个。不仅如此，我们还更相信天生的能力：我们认为有一小部分人天生就具有成功的特质，他们不需要通过预备项目就可以达到成功。这样，具有总结性的材料就更难发现了。我们需要做更多和吉姆·柯林斯类似的研究。

我们从第一章到第十章都在尝试回答这样一个问题，"我们知道要做什么，但为什么我们还是失败？"在这本书里，我们深入地探讨了这些卓越校长们所拥有的特殊素质。而这本书的大部分也都将着眼于这些校长所展示出的领导特质。忽略掉这些校长所遇到的各种困难，这些校长在他们的职业生涯中都极大地、成功地提高了学生的成绩。

在第十一章里，我们比较了学校校长和企业经理人的共同点和不同点。作为对这种不一致的补充，我们关注了可以广泛应用于公立学校和私营企业的显著的领导力特征。

最后，在第十二章里，我们为有成功潜力的教育者提供了一些意见。我们为了能够建立一个新的行政预备项目模式准备了充足的理由，而这个新的行政预备项目也将在21世纪的工作中，培养出更多的成功领袖。

与卓越校长的亲密接触

我们诚挚地邀请您同我们一起来探索，如何将柯林斯在私营企业中的研究应用到学校管理中。不仅如此，我们还邀请您参与到与这些成功校长的谈话中，更深入地了解他们作为学校领导者所具有的明星特质。您将会发现，正如我们所发现的一样，这群拥有着强大内心的人不仅有着丰富的人格魅力，还集中地展现出了他们的领导力和个性特质，而通过这种个性与领导力的融合创造出了令人惊奇的成就。透过这些校长的眼睛和他们的话语，你会看到，也会听到，是什么让他们创造出这些成功的学校。

在每一章的最后，我们都准备了一些在文章中所讨论过的，有关领导力的问题。我们建议您回顾一下这些问题，将他们应用在您个人的职业成长中。另外，我们也为正在尝试将本书的内容灵活运用到实际工作中的校长，提供了一些有效的建议。

致谢

这本书最先只是作为一个研究项目开始的,就研究项目本身而言,圣地亚哥州立大学的劳里·弗里德,布鲁斯·松井和克莱蒙德大学的查尔斯·科奇都在这项研究的计划、实施和分析上给了我们很多的帮助,我们对他们怀有深切的感激之情。另外,我们也非常感谢圣地亚哥州立大学教育领导系与我们分享他们的智慧,并为我们提供了诸多有关校园管理预备项目的信息。

将一个研究项目转变成一本书的过程是极其耗费时间的,这不仅仅体现在重新撰写以及组织内容上所花费的时间,还在于功用上的转变,从以学术研究为目标转变为以职业指导为目标。因此,我们非常感谢凯西·朱莉在我们编纂本书的过程中,给予的帮助,不仅如此,她在我们叙述那些采访故事的时候,所给予的评论也让我们受益匪浅。

From Good Schools to
GREAT SCHOOLS

　　如果没有最先参与这个研究项目的十一位校长，那么这本书和这个研究项目都极有可能在中途夭折。在此，我们向他们的坦诚和在书中充满睿智的见解表达衷心的感谢。

　　最后，我们要向我们的家人表达我们诚挚的谢意，在完成本书的过程中，你们为我们提供了精神上和情感上的双重支持。在我们需要食物的时候，为我们提供粮食；在我们需要思考的时候，为我们提供空间；在我们需要意见的时候，你们永远都在最前面发言。

苏珊·潘妮·格蕾：博士，教育家，拥有超过40年的校园管理工作经验。其中有15年在位于加利福尼亚州的圣马科斯校区，担任课程服务主任，此后，任职于圣地亚哥州立大学（SDSU）教育领导系。她还负责教师和校长的培训支持项目，在她多年的领导下，这些支持项目已经发展成为拥有大量培训人员和教师培训支持者的组织。

威廉·A. 史瑞西：博士，圣地亚哥州立大学教育领导系荣誉教授。加入圣地亚哥州立大学之前，曾经从事了25年公立学校的管理工作。史瑞西教授还是加州课程管理系统董事会的首席审查官。

I

第一章

我们知道需要做什么，但为什么还是失败？

问题并不在于我们不够了解情况，
而在于我们并没有去做那些我们已经知道的。

—— 施莫克

From Good Schools to
GREAT SCHOOLS

早上七点，学区监管员，教学主任，教育领导系教授，以及其他教育领导者齐聚圣地亚哥州立大学。这次会议的主题是如何使教育领导系协助学区，依靠自身的能力提高学生的学习能力。此时的会议室里，大家正在进行热烈的交流。

一名坐在桌子尽头的教授，双眼中透着些许疲惫，第一个发言："许多的研究都表明，当学校管理者和教师能够建立一个专业的学习团队，分享一些共同的理念，并在一些例如数据分析、课程研究以及课程组合这样重要的方面达成合作的时候，学生的学习成绩都会得到提升。"

此时，一名年轻的监管人，以一种让人非常不舒服的声音，有针对性地问道："既然我们知道我们需要做些什么，为什么我们不去做呢？"杰弗里·普费弗和罗伯特·萨顿，在对成功企业的研究中，将知道需要做什么和实际正在做什么这种差异描述为"组织管理中的未解之谜：为什么明明知道需要做什么，但是在结果上却常常造成与这种认知不一致的行为。"

第一章
我们知道需要做什么，但为什么还是失败？

这名年轻监管人的问题，立即引起了房间内管理者们对于导致失败的原因的关注：学生数量的改变，不合适的教师聘任项目，英语学习者的语言障碍，学生家长参与的缺乏，政治官僚主义，工会的阻拦，财政预算的不足，来自于《有教无类法案》不合理的压力等等。

不过大多数的人还是认可了一名反驳者的话"还是有学校克服了我们在这里所谈到的种种问题，取得了突出的成就。"他有针对性地问道："他们又是如何解决这些问题的呢？"

"从优秀到卓越"研究项目：探讨卓越校长的特质

这个关键的问题让我们更严肃地来思考这些学校到底是如何成功地解决这些不可能跨越的难题的。

吉姆·柯林斯在他的畅销书《从优秀到卓越》中所开展的研究将我们的目光吸引到学校的领导者身上，来寻求这个问题的答案。柯林斯曾经提出过与我们同样的问题，不过他是在商业领域里。

他的研究团队由21名科罗拉多大学商学院的研究生组成，他们花费了整整五年的时间来寻找答案。他们的研究重点集中在这些优秀的公司如何发展成为卓越的企业，又是如何保持这种卓越的。他们研究的这些企业遇到过所有相似企业所出现过的问题，但是，这些企业还是获得了利润，并持续地盈利，而其他的公司则仅能获得少量利润或者根本无法盈利，并且这些公司不能保持长期获取利润。

研究者们发现，引导这些公司成为成功、卓越的公司的关键因素就在于他们的首席执行官。他们同样也发现，这些卓越公司的首席执行官身上都展现出了某些特殊的、强大的人格特质和行为。不仅如此，这些特质正好是那些不那么成功的公司领导人身上所缺乏的。

作为高校教育领导系的工作人员，我们意识到柯林斯的研究结果可能正是我们寻求的答案，是什么造就了有效率的学校领导力以及为什么一些学校大放异彩，而其他一些学校则最终失败。

也正是在那个时候，我们对于成功学校领导力的研究进入了实际测试阶段，同时，我们也在圣地亚哥州立大学重新开始设计新的教育行政人才储备项目，为21世纪的学校储备更多、更优质的校长资源。回头来看，我们在我们的人才储备项目中有没有忽视一些真正重要的东西呢？

柯林斯和他的研究团队准确地回答了我们在公立学校领域所想要了解的问题。在他们的研究中，他们通过寻找由优秀公司转变为卓越公司的那些特质来确认卓越的经理人。在他们的研究中，有十一家公司完成了这项飞跃并保持了这种飞跃。而在挑选这些公司的时候，财务分析是不可或缺的一项，而财务分析也清楚地指明了这些公司在转折点之后就从"还不错"跨越到了"非常不错"的状态。当然，以利润为导向的商业表现也是由公司利益来决定的。

第一章
我们知道需要做什么,但为什么还是失败?

什么是"第五级经理人"

这项研究着眼于这些卓越的公司到底拥有哪些共同特征,让他们在同时期的公司中脱颖而出。在这些卓越的公司中,柯林斯所发现的共性确实存在,而这些特质也确实在比较组的公司中并不常见。这项研究发现中最重要的核心部分,正是柯林斯曾经定义的名词"第五级经理人"。第五级经理人是柯林斯和他的研究团队在定义那些卓越的公司时,为了确认这些公司的首席执行官的工作能力而衍生出来的词汇,而第五级经理人正是处于等级层中最高的那个。

我们惊讶于柯林斯的研究人员并没有特别地将领导层作为公司成功的一个不可或缺的部分。不管怎样,有关这些领导层的特殊地位的信息仍然是巨大和充满说服力的。柯林斯的研究团队广泛地讨论了究竟应该如何来描述这些最高效的领导者,最后确认以"第五级经理人"作为结论。这个概念避免了让他们听起来太过软弱,又或者太过温和。这些经理人并不需要完全按照从第一级到第五级来排序,但是第五级经理人的认定则是随着自身在等级表中表现出来的特质累加的。第五级经理人通过一种矛盾的混合——个人的谦卑和职业的意愿,来塑造持久的卓越。

柯林斯的研究所发现的有关领导力的见解在让人惊喜的同时,在某些时候,又与传统观点相悖。他们为领导力的培训提供了一个不同的范例,一个我们认为在培养学校领导者方面具有充分启示的范例。

寻找"第五级学校管理者"

因此，我们决定探讨柯林斯的研究是否可以应用于学校管理者。在卓越校长们的身上是不是也有这些可以鉴别的特质呢？而这些特质又是不是与教育领域的长期成功相关呢？柯林斯在他们的研究中所发现的这些领导力特质的缺失，是不是造成许多学校不能成功的原因呢？而这些成功的管理者身上所具有的这些特质，作为一项行政管理人才储备项目，又是不是可以传授的呢？

为了回答这些问题，我们使用半结构化的定性采访技术对卓越学校的校长进行了研究。我们修改了柯林斯在采访成功企业时所使用过的问题，使这些问题适用于公立学校，然后我们采访了一批卓越校长，这些校长都来自于那些从优秀到卓越，并在此后的一段时间内都使学生的成绩保持卓越的学校。为了与柯林斯的研究所做的草案（设计）一致，我们也选择了一批校长作为对照进行研究。这些比较组的校长都很优秀，但是他们都无法晋升到卓越，也无法保持住卓越。我们采访的目的是检测这些卓越校长们的领导和行为特质。

拥有极强的建立关系的能力

我们在研究中发现卓越校长所展现出的特质和行为，与柯林斯研究中的第五级经理人有一个很重要的区别：所有的校长在他们的工

第一章
我们知道需要做什么，但为什么还是失败？

作中都拥有很强的建立关系的能力。在学校走向成功的过程中，最关键的一点就在于一个校长所拥有的强大的建立关系的能力。这种才能，与柯林斯所发现的第五级经理人所拥有的特质一起，建立起了我们认为卓越校长所应该具备的特质，这一点在图1-1中做了说明。

图1-1 高度成功校长的特质

- 谦卑的品质：将学校的成功归功于他人；将学校的失败归咎于自己。
- 建立关系：展现个人技巧；与学校员工开诚布公；让员工参与决策。
- 坚定的决心：持续的，上进的，有说服力的；一直参与学校的重要决策。
- 职业意愿与个人谦逊的包容性：谦逊但无畏；能作为学校与外界压力的缓冲。
- 展现刺猬理念：对于学生的成功抱有热情；知道学校最擅长什么；知道如何做出改变。
- 直面残酷的现实：分析学生优势及社会资料；迎接工作中的挑战；不逃避困难。
- 展现一种训练有素的文化：有眼界；不只关注局部；提升教师责任感。
- 懂得人比事重要：拥有人事权；坚持使用正确的人。
- 拥有成就卓越学校的野心：把学校利益放在个人利益之前；在员工中提倡专业性和领导力；注重员工发展；培训接班人。

第五级经理人的领导特质

在柯林斯的私企研究中，从优秀到卓越的公司里的每一个首席执行官都展示出了他们的某些特质，而这些特质正是柯林斯将他们定义为第五级经理人的重要特征。

职业意愿与个人谦卑的融合

这些特质中的第一点就是柯林斯所定义的"职业意愿与个人谦卑的融合"。从表面看来，这些成功的首席执行官们是平和而又淡然的，但是在这其中隐藏的却是积蓄的力量——他们对于任何经手的项目都希望做到最好的决心。当我们调整了柯林斯关于"个人谦卑"的定义的时候，我们也就在我们的校长身上发现了同样的特质。在第三章里，我们对这个特质做了一些拓展，因为它是完全属于我们校长的。

成就公司的野心

而第二个领导力的特质就是"拥有成就公司，而非个人的野心"。卓越的私企领袖期望能够看到更加成功的下一代，同时并不希望别人知道他们对于保持成功所付出的努力。而我们的卓越校长们所拥有的这种野心甚至可以与柯林斯的那些首席执行官们一较高下。在第五章里，我们介绍了这些高度成功的校长身上的这种特质，第一个故事是来自于密仙小学的充满活力的艾斯柏林校长。她将成就卓越学校的热情作为养分，滋养了每一个员工，将他们每个人的努力集结在一起，创造出辉煌的成就。

第一章
我们知道需要做什么，但为什么还是失败？

令人折服的谦卑

柯林斯的研究中所定义的第三个特质是"谦卑"。当一切进展顺利，拥有这种品质的领导通常都会将功劳归于其他人；当事情进展不顺的时候，他们会把责任归于自己。在采访中，从优秀到卓越的公司的领导人通常更愿意谈论其他人的贡献，而不太谈论自己的作为。而在我们高度成功的校长们身上，也普遍存在着这种品质——谦卑。从表面上看来，这种品质与他们希望成就卓越学校的愿望是相矛盾的。贝语小学的昂普休斯先生，我们稍后会在书中提到，他就是校长们中体现这种谦卑风格最好的例子。在采访他的过程中，他将所有的成就都归功于学校的员工，只有当被问及一些曾经尝试但最终失败的例子时，他才提到自己——他将失败的原因归责于自身。相反地，比较组的校长们则迅速地将失败的原因归结为他人，而不是自己。

不可动摇的决心，去做一些必须做的事

毫无疑问，"不可动摇的决心，去做必须做的事"，被研究者们认为是第四个引领组织成功的特质。拥有这种特质的领导，常常被一股无法动摇的，需要得到某种结果，并愿为成就顶级公司而付出任何代价的决心所驱动。芒特小学那位不知疲倦的佩斯维尔校长是我们在第六章里将会介绍的，拥有不可动摇的决心的代表。当教师们肆意寻找借口，不按要求完成工作的时候，佩斯维尔校长立即就

用自身的行动向他们证明，他们的借口是多么地没有意义。她和她不可动摇的决心已经成为芒特小学每个员工学习的榜样。

"第五级经理人"的领导行为

首席执行官们的成功并不仅仅在于我们刚刚介绍过的关键性的领导特质。柯克帕特里克和洛克发现这些首席执行官们身上所表现出来的特质只是造就他们成功的一部分原因，因为要成为一名高效的领导者，他所需要具备的要远多于这些性格特质。

最近的一些研究，已经通过大量的研究数据成功地证实那些成功的领袖们确实都有一些与众不同的方面。这些证据都表明某些核心的特质成就了他们的成功——领导者的成功，并不需要依赖高智商又或者那种无所不能的才能，但是他们确实需要拥有一些"良好的素质"，而这种素质并不是所有人都拥有的。

当柯林斯开始研究核心领导特质和领导行为的相互作用时，他发现第五级经理人的个人性格和行为之间有着极大的相互依存性，并且他发现这种特征在他所研究的卓越的公司中也一直存在。他在所有的首席执行官的身上都发现了这种重要的领导行为；当它与领导属性融合在一起的时候，就成为了保障公司成功的重要条件。我们认为柯林斯所介绍的四种行为，与学校的有效管理有着重要的联系。

第一章
我们知道需要做什么,但为什么还是失败?

"先人后事"

第一种行为被柯林斯称为"先人后事"。"卓越的领导人总是知道什么人适合什么事,什么人不适合什么事,他们总能为每一个人找到属于他的正确位置"。这之后,他们才会决定如何来做这件事。而在学校管理中,卓越的校长也正是通过了解学校的各种情况来安排合适的人员去完成必须完成的工作,以此避免上级过度的行政干预。在第七章里,我们拜访了一些极为成功的校长,来验证他们执着的行为,而这些行为仅仅是为了雇佣合适的教师,开除不符合学校发展策略的教师,并且只有在完成这些工作之后,他们才开始制定如何让学校迈向卓越的计划。我们还会采访一些比较组的校长,这些校长正如他们在采访中所提到的,他们都缺乏相应的人事任免权。

直面残酷的现实

第二种行为是柯林斯提到的一个卓越的领导人所拥有的"直面残酷的现实"的能力。不管面前有什么困难,我们的公司都有能力并将最终战胜这些困难,取得成功。对于这一点,卓越的领导人都有着不可动摇的信念。同时,他们也拥有相应的策略来面对公司目前最惨淡的状况。卓越的领导人不会自己骗自己又或者尝试着掩盖问题。我们所有的校长也都证实了这一点。比如后文中,福克斯校长接受了一个非常残酷的事实,那就是学校里大多数的学生都存在着严重的阅读障碍。但他不可动摇的决心和对于建立成功学校的期望让他确信他和他的员工可以克服这一点。另一方面，正如我们在前面所介绍的，在我们的研究项目中，比较组的校长在遇到困难的时候，都很轻易地选择了放弃。

刺猬理念

柯林斯在定义第三个行为的时候，用了这样一个词"刺猬理念"，这个词来源于以赛亚·伯林著名的作品《刺猬与狐狸》。伯林通过古希腊的隐喻"狐狸知道很多事，而刺猬只知道一件事"，将世界上的人分为两类：狐狸和刺猬。柯林斯发现卓越的首席执行官们"了解他们的公司最适合做什么，什么是他们的商业引擎，他们的热情全都融入到了有价值的改变中"。而在我们的研究中，基于学校与金融机构的区别，我们首先就需要了解这个概念中的哪些内容可以运用到学校中。我们的结论是，对于校长而言，这条刺猬理念包含三点：知道教师擅长什么（例如，技能和决策），知道什么是可以驱动教育的引擎（例如，提高阅读教学时间），并让它成为学校的教育引擎。在第九章里，当我们采访福克斯先生的时候，我们会具体介绍这些内容。他的采访也表明他是真正意义上"刺猬理念"的实践者。他不仅了解教师在教导学生时技能和决心是至关重要的，也知道只要学生们的阅读能力得到提高，他们的成绩就会得到改善，并且，他对这一切都充满信心。

第一章
我们知道需要做什么，但为什么还是失败？

训练有素的文化

柯林斯发现领导者们是践行"训练有素的文化"这个概念的例证，这个概念包括"训练有素的人，训练有素的思想，以及训练有素的行为"，在这里员工开始了解他们的工作不仅仅是一份工作，而是一种责任，并且他们在职责范围内可以有一定的自主权。这个特点包含了我们前面所提到的三种行为特征"先人后事"、直面残酷的现实、刺猬理念。在第十章里，我们将访问迪斯普林校长，和其他高度成功的校长以及他们的员工一样，她充分地展示了她的训练有素的文化。

未被单独列出来的两种特质

"技术加速器"以及"飞轮和厄运之轮"是两种被柯林斯单独列出来的特质，但在我们关于校长的研究中被融合到其他特质里了。

技术加速器

在柯林斯的研究中，成功的首席执行官们对技术加速器有不同的理解。他们紧紧地抓住刺猬理念，避免技术的滞后。除此之外，他们也将技术作为一项针对经济引擎（利益）的加速器，而只有当技术深化了他们的刺猬理念的时候，它才能带来利润。柯林斯发现公司对待技术的方式，在导向公司成功方面，是一个很好的指示器。我们相信这一点同样也适用于卓越的学校领导者。仅具有一般能力的校长使用新的技术只是为了跟上变化，并且尝试一些新鲜有趣的事情。而高度成功的校长则使用技术来提高他们教育引擎的驱动力：学生表现。由于目标的不同，这些成功的校长中也很少会有人能成为新技术的先锋代表。他们所做的不是一项有关利润的工作，而是一项有关学生成就的事业。技术是很多人为了达到成功而使用的一项资源。当然我们在这里所说的技术，并不包括我们在采访成功的校长时所提到的另一项有关技术加速器的研究，因为有关技术方面的决定，大多数时候都是校长们在刺猬理念和训练有素的文化实施中的反映。

飞轮和厄运之轮

最后才来讨论这项行为是有理由的。私营企业由优秀发展到卓越的过程是一个滚雪球的过程，一步接一步，一个动作接一个动作，一个决策又跟着下一个决策，直到公司成就卓越。柯林斯将这种过程命名为"飞轮"。我们在这里讨论的所有的行为和性格特征也都是成就飞轮模式必不可少的因素。这个过程同样也发生在极度成功的学校里。在我们采访这些校长的过程中，当我们问到是什么促成了他们学校的成功的时候，他们常常表示这种成功来源于一个不断的、长时间累积的过程，而不是单个项目或事件。虽然如此，媒体却常常报道一些学校在获得某些突破性的进展之后，转身一变就成为了卓越的学校，这种报道常常给人一种一夜成名的印象。事实上，这种一步步走向成功的过程是极为缓慢的。柯林斯和他的团队在比较

第一章
我们知道需要做什么，但为什么还是失败？

组也发现了一种完全不同的模式。这些公司经常改变经营方式，开始新的项目，但却不能持续盈利。这种模式常常最终导致这些公司破产、出售、被并购，或者其他一些令人遗憾的结果。柯林斯将这种现象称为"厄运之轮"。

当我们研究卓越学校的时候，我们相信飞轮理论正是我们所需要的结构模式。这种模式融合了"训练有素的员工、训练有素的思想以及训练有素的行为"，当然还有坚持践行刺猬理念的人员。而在比较组的案例中，厄运之轮就是阻止他们向成功前行的个性和行为模式。总之，我们的研究项目并不会把飞轮作为一种独立的行为模式与厄运之轮对立起来。相反，我们认为正是这两种行为模式支撑着我们所研究的所有重要的行为特质，特别是刺猬理念和训练有素的文化。

卓越的学校管理者区别于经理人的特质

利用柯林斯的研究方法，我们发现那些被柯林斯定义的特质和行为，同样也适用于那些卓越的学校校长。不仅如此，我们在研究中，还发现了另一项关键的领导特质，那就是建立关系的能力。虽然这种能力在柯林斯的研究中并没有被定义为一种行为，但是它却在我们与卓越校长的访谈中不时地显露出来。建立良好的关系，对于一个需要合作、交流和专业学习的团队是相当重要的，当然也是可以理解的。在第二章里，我们将会见到邦德先生——菲尔德小学的校长。他将学校的成功归结于教师在合作与交流方面所做出的努力，同时这也证明了他在这个过程中所表现出的建立良好关系的能力。

从某种程度上说，我们所采访的成功的校长们都表现出了与柯林斯所研究的第五级经理人相似的个性、行为以及建立关系的能力。有些校长甚至在某些领域比其他人还要出色。虽然每个人所表现出的程度不同，但是他们每一个人都表现出了以上所提到的所有特质。

另外，和柯林斯研究的十一家企业相似的是，这些卓越学校的学生成绩，不仅出现了巨大的进步，同时这种进步也得到了长期稳定的发展。在柯林斯的研究中，有一个让人惊讶的发现，那就是比较组的首席执行官普遍缺乏第五级经理人员所普遍具备的特质。当我们将卓越的校长和比较组的校长进行比较的时候，也发现了与此相似的差异。

卓越校长和比较组校长

在接下来的九个章节里，我们将使用柯林斯在他的著作《从优秀到卓越》里所使用过的方法来检测我们所选取的卓越校长，具体探寻他们到底具有何种魅力，以及他们又做了些什么才取得如此的成就。而在研究里，我们也通过观察比较组的校长来确认极度成功的校长所拥有的领导力特质是否和比较组的校长有所不同。正如我们之前解释过的那样，我们的研究是受到吉姆·柯林斯的启发而开始的。由此看来，这些学校能否从优秀跃升为卓越，并长期保持这

第一章
我们知道需要做什么，但为什么还是失败？

种卓越性，正是优秀的校长所在的比较组与卓越校长所在的卓越组之间的本质区别。

我们所选取的校长来源比较广泛，但是他们全都来自于加利福尼亚州。并且，我们在他们的身上发现了与其他地方的卓越校长身上一致的特质。另外，我们还拥有丰富的课程审核经验，我们的课程审核执照是经过课程审核系统认证过的，我们在三十个州里，研究了不同环境中的多名校长。在这些研究中，我们惊讶地发现这些州的校长的工作内容竟然非常地相似。这种相似性也进一步强化了我们决定直接在一个州里选取研究对象的想法。因此，我们的研究中对每一所学校所采用的测试以及获得的数据都是相对统一和完整的。

表1-1介绍了卓越校长和比较组校长的选取标准，以及书中所涉及到的人物和学校的名字。当然这些人物和学校的名字都是化名。

卓越校长的九个特质

在接下来的九章里我们将继续关注与卓越校长相关的九个领导特质。而我们讨论的焦点将是，我们在采访这些校长时所获得的信息。你将发现，我们讨论的重点有时候会集中在一个非常成功的校长身上，那是因为这个校长身上所展示的这一项领导特质比其他人更为明显，而我们从这些采访中所获得的信息同时也正好证实了文章中对某项素质的描述，因此可以说是相辅相成的。另一方面，我们从其他校长身上所获得的信息也正好印证了这些描述。最后，我们从比较组的采访中所获得的信息，则成为了与卓越校长身上的领导特质相对的一个比照。

表1-1 采访对象的选取标准

卓越校长的选取标准	比较组校长的选取标准
1. 在1999年，加州同类学校学术性能指标（API）等级排序在5-8级	1. 在1999年，加州同类学校学术性能指标（API）等级排序在5-8级
2. 校长必须完成任职期（1999-2003）	2. 校长必须完成任职期（1999-2003）
3. 在2001-2003，加州同类学校学术性能指标（API）等级排序在9-10级（比1999年等级提高2级以上）。校长已经完成从优秀到卓越的跨越。	3. 加州同类学校学术性能指标（API）等级排序没有变化，或仅有微小的波动。校长没有完成或维持从优秀到卓越的跨越。

卓越校长	学校	比较组校长	学校
迪斯普林女士	亦歌小学	奥普利维休斯女士	罗斯福小学
昂普休斯先生	贝语小学	康斯皮瑞希女士	奥布泽维特小学
艾斯柏林女士	密仙小学	贺普利斯女士	艾玛小学
福克斯先生	派斯小学	利琳魁斯女士	约翰逊小学
佩斯维尔女士	芒特小学	茵珐珂秋	桑凯斯特小学
邦德先生	菲尔德小学		

* 在加州同类学校学术性能指标（API）排名系统中，将以列表的形式对学校在流动性、教师、语言、班级大小、全年课程、种族以及免费餐或优惠餐等方面进行比较。API的最高等级是10级。有关API更多的信息请参考材料B。

从第二章开始，我们将展开对卓越校长身上的领导特质的讨论。而这个讨论的核心，则正是在柯林斯的研究中被弱化的一项领导特质，那就是建立关系的能力。我们惊喜地发现，作为重要的、成功的要素，这一特质出现在了我们所研究过的每一个卓越校长的身上。

第一章
我们知道需要做什么,但为什么还是失败?

> **思考**
>
> 你认为在你的学校,阻碍学校走向成功的最大和最广泛的问题是什么?为什么有些学校可以突破这些障碍走向成功?公立学校和私营企业之间最大的区别是什么?私营企业中杰出的管理准则是否适用于公立学校?

第二章
首先,建立良好的关系

不管你有多大的成就,都建立在他人的帮助之上。

——艾西娅·吉布森(运动员、作家)

From Good Schools to
GREAT SCHOOLS

企业的终极目标是获取利润,所以在企业中,经理人通常并不需要花费太多的精力去建立关系,而通常情况下,他们也都拥有充分的人事权,能够"让需要的人留下,不需要的人离开"。不幸的是,公立学校的管理人员却常常没有这种权利,不仅如此,他们还经常需要和那些不太合得来的员工一起工作。不过,在教育系统中,学生的成就才是终极目标,而员工只是创造和维持学生成就的条件而已。因此,对于校长而言,能够和不同的人一起工作,同教师、学生、学生家长以及社区都建立良好的关系才是关键。墨菲和贝克是这样解释的:"校长们必须从他们自身的人际交往和专业能力中施展自身的权威性,而不仅仅是在社交场合;他们还必须拥有和任何人一起工作的交际力、合作力,同时还需要和这些人分担共同的职责。"

同第五级经理人不同的特质

当柯林斯的研究人员刚开始对那些卓越公司着手进行研究的时候,并没有把领导力作为一个公司成功的必要因素来考虑。但是不久,

第二章
首先，建立良好的关系

他们惊喜地发现，卓越公司的首席执行官们都拥有一些共同的特质，而这些特质正是比较组的首席执行官们所明显缺乏的。而当我们开始依照柯林斯的研究策略展开研究的时候，由于我们已经充分了解建立良好的关系对于学校的重要性，因而当我们发现建立关系的能力跃升为我们研究中影响学校成功与否最重要的领导因素的时候，我们并没有感到特别意外。与此相对的是，在柯林斯的研究中，无论是在有关第五级经理人方面还是在比较组的首席执行官方面，建立关系的能力始终都没有被特别地提及。

然而与商业领域大不同的是，在教育界，学校内的各种关系将极大地影响学生的成就。关系得到改善，学校就会变得更好；而如果关系还和从前一样又或者变得更糟，那么学校就会倒退。"要成功地建立一个可以包容各种差异性的团队，教育领袖们就必须同这个团队中的每一个成员都搞好关系，这些成员不仅包括了学生、教师、家长、董事会，它甚至还包括了法律顾问"。因此，管理者们就需要和各种各样的人以及团体建立良好的关系——尤其是和一些有不同想法的人。而建立关系的目的也并不是为了来年在学生成绩上作假，而是为学生将来的长期发展打好基础。校长对那些和自己有不同意见的教师进行激励和鼓舞，又或者是与纪律比较松散的教师建立良好的沟通，这些在营造学校的整体学术氛围上都有着深远的影响。麦克·福兰曾经说过，"良好的关系是促进人们不断付出的源动力"。

而在关系的建立方面，教育管理者们就表现出了他们的重要性，

From Good Schools to
GREAT SCHOOLS

一方面他们可以通过向他人提供自己的观点和目标来影响整个谈话的主题和气氛，不仅如此，他们说话的语气和句式也对在座的人有很大的影响力。另一方面，他们还可以通过提升学习能力、合作能力，以及改善校园环境，让在校园中的人感受到关心和尊重，从而塑造一个更好的校园文化。

而我们采访过的所有成功校长，在这些方面都表现得深谙此道。在建立关系、提升领导力、提高教师工作效率、同工作人员讲求专业性方面，他们都展现出了十足的技巧。在他们的学校里，获得校内各种信息，对他们而言，都不过是小菜一碟而已。

市面上大多数的教育类书籍都认为合作教学对于教师个人和学校的发展将是非常有益的。但是，我们从已有的研究中发现，在实际操作中，北美的教师还是更倾向于，独立地向学生进行分散型教学。虽然，不知道是什么原因造成了教师这种孤立的教学方式，但是，如果教育者们不能确保将校园内的团队合作列入日常教学工作中，那么广泛的合作教学也终将难以实现。

邦德校长，一个特别成功的校长，曾经这样描述过他的信念：教师之间的合作应该是作为例行公事而存在的，那么当你为员工们建立起良好关系的时候，你就能创造出一个包容各种不同存在的团队。

【案例】邦德校长和菲尔德小学

那么邦德校长是谁呢，而他又是怎样发起这样一场改革的呢？

第二章
首先，建立良好的关系

为了能更好地理解邦德校长的领导力，我们先来看一下菲尔德小学。菲尔德小学坐落于一座空旷的山头上，四面都没有遮蔽，位于一个军事基地附近。从学校的前门，你差不多就能看到太平洋。学校的硬件设施建造于19世纪60年代，迄今保存良好，目前学校有大约五百名学生，这些学生的学习阶段包括幼儿园以及小学一至五年级。七年前，在这个学区里又新建了一所小学，有十名教师从菲尔德小学调到了新的学校。在新学校开学一年后，由于学区内中小学重组，菲尔德小学失去了所有六年级的学生。目前菲尔德小学里的学生都来自于附近军人家庭。而大多数学生的家长都是仅有高中学历应征入伍的。

这所学校学生的流动性非常高，几乎所有的学生在两年内都会转到其他学校，这主要是因为军人家庭常常需要迁移到新的驻扎地，而孩子也会随着父母一同迁徙。在所有学生中，有47%的学生享有免餐或减少餐费的福利。而在学生家长中也有一小部分并不是军人，而是在军事基地工作的工作人员。学生在种族分布上，大概55%的学生是白人，16%是非裔，20%是西班牙裔。然而让人惊讶的是，虽然这所学校的学生主体一直都在不断调整，但是这所学校却在过去五年里一直保持了高水平的学生成绩。这实属少见。

1985年邦德校长被聘为该学区一所高中的副校长。而在四年后，他终于成为了这个学区内一所小学的校长。大概七年前，该学区的监管人决定对学区内的校长进行重新分配，并认为邦德校长非常适合菲

From Good Schools to
GREAT SCHOOLS

尔德小学。现在，他已经在这所依山傍海的学校里眺望了整整七年的太平洋。虽然如此，在邦德校长刚刚接管这所学校的时候，这所学校的情况并非像今天这样，那时候学校的教师既喜欢夸夸其谈，又不喜欢团队合作，每个人都只顾自己。与学校学生的高流动性形成对比的是，学校的老师们却都希望可以一直安稳地待到退休。

邦德校长首先带领教师开始了行动，因为他们不仅和一个高流动率在斗争（在过去的一年里，学生的流动率为79%），而且他们还在这种情况下，持续保持了学生的优秀成绩。因此菲尔德小学被授予了"杰出学校"、"蓝丝带学校"，以及"第一成就奖"等奖项和称号。当他们的学术性能指标（API）排名从1999年的第六级跃升到2003年的第九级的时候，他们所创造的进步得到了验证。在这个排名中，一个学校的API是与全加州的所有学校进行比较。更令人惊叹的是，这所学校的API排名等级在1999年到2004年间，正如表2-1所显示的，一跃到了第十级，也就是最高级，并且一直保持在那里。

表2-1　菲尔德小学：API同类学校等级排名

1999	2000	2001	2002	2003	2004
7	10	10	10	10	10

这个成功的故事并不是关于一个特殊的项目，而是关于校长和员工作为一个统一的团队所发生的惊人变化。邦德先生将学校在改善学生成绩方面的成功归功于这种变化，他在采访中是这样表述的：

第二章
首先，建立良好的关系

问题：您能不能介绍一下学校教师的情况，另外，能否也说一下自从加州开始实施API考核制度以来，这些教师是怎么参与到学校的教学活动中的？

邦德校长：我记得大概是在1997年到1998年的时候，州里第一次下发了表现不太好的学校名单。我们那个时候就在这个名单上。开始API考核的时候，我们的API大概在585（一共800所学校），当我们得到消息我们在这个需要改进表现的名单上的时候，我们刚刚升到了637。与此同时，我们很幸运地得到了一个资助项目来改善当时的情况。也因为有了这项资助，我们结束了和加利福尼亚大学洛杉矶分校的咨询合作项目。

"即时干预表现不佳校园项目"是一项由加州政府认定和支持的项目，它主要在于认定那些学生表现不良，但极有可能得到改善的学校。参与这个项目的学校必须满足在一定时间内学生成就获得很大提升的条件，而参照标准则是，一定时间范围内的API排名，以及学校将受到州内的监管等。在这种情况下，这些学校可以得到州里的资助来计划和实施一个改善计划。菲尔德小学正是这样进入该项目的一所小学。

当我们进一步问到咨询人员到达后所发生的情况时，邦德校长耸了耸肩给出了回答。

邦德校长：我们那个时候有一些非常关键的问题需要处理，而且，我们也做了很多的自省工作。最有意思的是，这也与你们提到

From Good Schools to
GREAT SCHOOLS

过的员工改革的问题有关，我们开始将员工作为一个整体，来关注我们到底还需要做些什么，来改善我们的课堂表现。

菲尔德小学的教职员工所面临的这个关键问题，让邦德校长开始考虑怎样做才能使独立的教师变成一个整体。

问题：我记得您提到过您已经开始做了一些改变，而且在API排名上的提升就是一个证明。

邦德校长：其实，这有点讽刺。因为，事实上我们已经走在正确的路上了，因为我们可以看到我们从585名提升到了637名。我对他们说，"这既是一件好事也是一件坏事。让你们知道我们现在的状况还是被列为表现不佳，这可能会让你们有些难受，但是州政府也认为我们最终是可以改善的，并且，我们还将因此获得资助继续我们已经开始的工作，这又是一件好事。"所以，在咨询员的帮助下，我们结束了一些每个员工都需要重复参与的工作。这是我们瓦解独立工作城墙并开始建立合作关系的开始。然而，这并不是那么容易的。

邦德校长也认识到员工之间建立良好关系的最大障碍就是，行政人员和教师之间缺乏良好沟通。当我们更深入地问到这些问题具体是什么的时候，他深思熟虑后作了回答。

邦德校长：我的意思是行政人员和教师之间比较缺乏沟通。你看，那个时候我们正是需要紧紧联系在一起的时候，而行政人员和教师之间的沟通当然是中间非常重要的一部分。我认识到这样一点——当然这也是我在偶然中发现的——不管你有多关注一个优秀

第二章
首先，建立良好的关系

领导人的素质，你会最终发现，这个领导人需要做的就是构建一个未来的蓝图，并同这个蓝图进行沟通：这意味着这个领导人需要将他需要的人聚集在这个蓝图的周围，然后带领这些人来实现它。虽然这个很重要，但我还是觉得，对于一个优秀的领导人而言，谦卑才是他最重要的品质。

伴随着这最后一句话，我们和邦德校长开始讨论，相互沟通和谦卑之间的关系。邦德校长提到，在培训沟通技巧期间，他需要在员工面前扮演当众羞辱人的角色，但是，他却非常地不喜欢这种行为。不过，他也坦诚地表达了他的想法，他觉得虽然他不喜欢那种行为，但是如果这样做能够帮助员工更加紧密地团结在一起，并让他们能够了解彼此心中所想，那么这样的活动也是非常有意义的。因为能够了解员工彼此之间的看法，正是他们此时最需要的。

问题：沟通让您更加关注谦逊的重要，这句话应该怎么理解呢？

邦德校长：我很快意识到的一件重要的事是，你必须让大家一起来做一些事，一起工作，共同成长，就像一家人一样。而这也正是我们那年的核心工作，我们所有人都得到了成长。就像我之前说过的那样，我们都说出了对彼此的看法，然后大家都有所改变。

问题：然后后面的事情就这样开始了——工作量会议，沟通技巧培训班。您又是怎么在这么短的时间内安排好这么多的事情的呢？

邦德校长在回答之前稍微思考了一下。

邦德校长：当然这绝对不是一件简单的事，但是在这整个过程中，所有的员工都表现得像一家人，所以当大家有了疑问或想法的时候，我们总是说"我们一起来讨论一下吧。让我们一起来想想办法。这是不是我们需要一起做的呢。"

我们请邦德校长多举几个有关交流和合作的例子。他对员工们从开始时独来独往的工作方式，到最后像一家人一样的团结合作的介绍，表明了这个过程是循序渐进式的——这也和我们之前所谈到的柯林斯所说的"飞轮"概念非常相似。当邦德校长谈到他的员工们是如何参与到这些活动的时候，他的脸上展现出了非常自豪的表情。

邦德校长：员工们自己开展了一个活动，在每周的教学指导日里，每个年级组都需要将所有人员集合在一起，在45分钟里共同完成一项工作。这个活动一直持续了4年。不管是年级组之间，还是教师和行政人员之间，又或者是教师组内部之间，所有的关系都得到了极大的改善。除此之外，我们还开展了一个叫作员工合作会的活动。在这个活动中，我或者年级组成员，在每次的会议上都需要提出一个亟需解决的问题。然后，我们在会议上进行讨论，并开展自省的工作，最后在相应的年级里达成解决办法，如果有需要的话，我们甚至会和全体员工一同讨论，达成意见。最后，会由我来宣读最后的结论。

在这次采访刚开始的时候，我们谈到过，请邦德校长谈一下他的员工是如何参与到整个过程中的。下面他又回到了这个话题。

邦德校长：在采访刚开始的时候，你们请我谈一下有关教师的

第二章
首先，建立良好的关系

改革问题。好吧，我们现在来谈一下这个问题。六年前，我们还没有这些年级合作会议或者员工合作促进会，因为那个时候我们根本就不知道怎么和同事交流，也不知道如何和对方合作，更不用说去分享了。

问题：在这整个事件中，在领导力方面，您觉得您学到了什么？

邦德校长：我发现我的工作不仅仅是指导教学、教材引进、管理预算或者改善硬件设施这些内容，实际上要多得多。

问题：那么您的工作还有哪些呢？

邦德校长：我的工作更多的是帮助各个群体之间建立良好的关系——我同教师之间的关系，教师同教师之间的关系，教师和学生之间的关系，学生和学生的关系，以及我们所有的人和家长以及社区之间的关系。我们甚至可以通过关系来解决课程问题。

而接下来的谈话则是围绕着邦德校长的领导方式展开的。他解释说他的方式是一种通过合作和协商达成一致的领导方式。他知道如果前期没有在团队合作方面进行培训，没有人员关系上的改变，他的这种工作方式在菲尔德小学是不可能开展的。他的回答同样也表明他是一个很有耐心的人，一个团队在做出决策方面所需要花费的时间总是会比他自己一个人多很多。

邦德校长：要能在正确的时间、正确的地点，同那些正确的人完成所有我应尽的职责是非常重要的一件事。有时候我们需要共同协商做出决定，但有的时候又只是需要我来做出决定。还有一些时

From Good Schools to
GREAT SCHOOLS

候是老师们做出决定，而由我来支持他们。举个例子，有一段时间我们的预算非常紧张，需要减少一部分人事开销。但是，告诉你的员工，我们需要让一些教务离开并不是一件明智的事情。所以，我让教师一同来参与预算安排，最后让她们自己来做出这个决定。这是一个很长而又艰难的过程，因为这牵涉到解聘一个她们喜欢的人。这个过程经历了四个月的时间，最终我们作为一个团队达成了一致。如果只是我一个人来做这个决定的话，根本就不需要花那么久。

对于所有成功的领导者而言，他们都有着一个显著的特点，那就是他们的野心不是为了他们自己而是为了整个团队。他们希望可以看到这个组织机构更加出色，即使是在他们离开后。当我们向邦德校长提出，如果他离开这所学校，他觉得学校会变成什么样的时候，他的回答也展现了这个特质。

邦德校长：我相信教师们将会继续以这种合作的方式来开展工作，即使有一天，他们年级会议的经费会被取消，他们也还是会一直像一个团队一样。如果说我们的学校是一列火车，那么我就是火车尾巴上的守车，当我们的教师们在以每小时一百英里的速度全速前进的时候，即便是掉了最后的一节守车，也不会有人注意到的。至少我希望不会。

这是一个关于小学员工成长的故事。邦德校长和他的员工已经能够和对方交流他们的想法。在接下来的几年里，这些员工将朝着更专业的方向成长。这所学校终于不用再贴着表现不佳的标签，而

第二章
首先，建立良好的关系

他们的成绩表现还将再创辉煌。

卓越校长建立关系的能力

在我们的研究中，所有成功的校长都充分展示了他们在建立关系方面的技巧和能力。我们将会在接下来的内容中介绍昂普休斯校长，昂普休斯校长认为他只是学校众多管理者中的一个。当我们向他问到，他觉得是什么促进了学生的进步的时候，他回答说是让所有的教师都接受了团队领导力的培训。在他看来，教师们对这项活动的参与性提高了教师们分享教学技能的自信和有效性。

而我们下面将会介绍到另一名校长，派斯小学的福克斯校长，他将自身的领导模式归类为"交际型"。

福克斯校长：我觉得我的类型更像是"交际型的"。我和员工建立良好的关系，并且充分地信任他们，这是开展工作的基础。良好的人际关系是关键。我觉得适当地对教师进行鼓励，让他们的表现更加地专业，同时，给予他们一定的工作自主权，让他们去做他们觉得重要的事，这是非常重要的。只是关注着细枝末节，又或者仅仅是口头说明，这些绝对不是我的工作方式，不过，当有问题和挑战出现的时候，我会主动去和他们一起商量解决的方法。

福克斯校长：我感到非常地幸运，能够一开始就和这些既专注又自律的员工一起工作，所以我几乎是毫不费力地就可以用专业的方法来对待他们，并提升他们的领导力。

From Good Schools to
GREAT SCHOOLS

"大多数时候,我只是协助他们来解决问题。"福克斯校长认为他通过做一名聆听者,提供好的意见,以及将员工当作专业人士来对待,已经与他的员工建立起了彼此非常信任的关系。

在派斯小学,福克斯校长对课堂的巡视是每天必行的公事,而对于老师而言,等待福克斯校长的到来,并和他在课后做双向的专业沟通则更是每天日程里不可或缺的内容。

在我们的研究中,有些校长在他们刚刚开展新的工作的时候会遇到一些人事上的问题。不过即便是这样,他们仍然能够聚集起员工并使他们踏上正确的道路。艾斯柏林校长、密仙小学的校长,刚刚来到新学校的时候也接手了一批非常棘手的教师,这些教师积极地参与了当地的教师工会,并通过劝说、威胁以及设计陷害等各种活动,来支持这些工会的指导思想。这些工会的教师认为,他们才是学校的掌管者,而他们对学校目前的状况非常满意。因此,一旦有新来的教师希望改变这种现状的时候,他们就会去威胁这些教师。而艾斯柏林校长并没有退缩,她将所有的员工团结在一起,并以提高学生成绩为目标,打响了一场和顽固派的战役。当我们问她,是如何来处理这个问题的时候,她笑着这样回答。

艾斯柏林校长:我用了两个方法来团结这些员工:一个是和其他学校开展竞争,另一个是带领教师一同实施一个新的教学项目,这个项目叫作认知引导式教学。我们设定了一个核心的目标,而且所有的教师都必须参与到这个目标的实现中。事实上,我们在和本

第二章
首先,建立良好的关系

区其他学校的竞争中,很好地使我们的成员团结一心。

到第二年年底的时候,大多数的员工都可以看到他们正在进步,并且都希望可以达成那个目标。而在员工休息室里,再也听不到各种抱怨,取而代之的是对教学策略的分享,而且由于邦德校长和其员工的案例,这些教师也开始有了改变。

芒特小学的佩斯维尔校长同样也接手了一批老教师,在这些教师眼里,学生的成绩和状况都是令人满意的,完全没有必要去改变这一现状。为了使这所学校再度恢复活力,以及改善学生成绩,佩斯维尔校长被挑选为这所学校的校长。在她任职的第一年里,一方面她只是做了一些细微的变动来让员工觉得她比较有亲和力,另一方面,她通过支持教师工作并赋予教师完全的信任,和教师建立起互信互助的关系。在这之后,她在更容易接受改变的低年级组实施教学变革。佩斯维尔校长通过个人辅导和观摩课,以及给予教师足够的时间来探讨教学技能,向低年级的教师们提供了足够的支持。不仅如此,佩斯维尔校长甚至前往由地区赞助的教师员工发展协会进行学习,并将学到的内容带回学校,传授给学校的员工。当高年级的教师看到低年级的教师通过团队合作,提高了学生成绩的时候,他们开始变得焦虑,有些教师甚至拒绝上课。而佩斯维尔校长则将这些最抵触的人都挑了出来。接下来我们很自然地向她提出了这个问题,她是如何同这些员工建立良好关系的。

佩斯维尔校长:我很小心地将这些人挑了出来,并且在会议前和他们进行了谈话并得到了他们的支持。他们需要清楚地了解，在每做出一个决定前，这件事所具有的价值。

最后，佩斯维尔校长同那些有着强烈责任感的教师谈话，让他们相信冒险并不是一件坏事。而对于剩下的那些冥顽不灵的教师，她则说服他们转校或者申请提前退休。

而对于迪斯普林校长而言，她所刚刚接手的学校的教师就像一盘散沙，各自为政。亦歌小学的前任校长的工作方式，主要是通过开展年级之间的竞争，让教师通过竞争来获得教学资源和培训的机会。而迪斯普林校长则完全相反，她主要通过两点来建立关系。一是让教师共同规划时间，二是在尊重他们对课程规划的前提下，让他们提升自我效率。当我们问及她的领导核心时，她的回答是：热情。

迪斯普林校长：我鼓励员工，并让员工相信冒险并不是一件坏事，这是我开展工作的方式。我让教师了解哪些事情会对他们的工作有帮助，我还建议他们将教学材料作为辅助手段来使用，但是千万不要分不清重点，将重要的东西也一起给扔了。另外，这个目标也是建立在成功的经验之上的。

比较组校长遭遇的困境

当这些卓越的校长，在介绍他们在建立关系方面的经验的时候，他们谈到了将学校作为家庭来看待，也谈到了将自己看作是学校众多领导中的一分子，当然，也谈到了真诚地和教师分享并且开展合

第二章
首先，建立良好的关系

作。简而言之，他们谈到的是关于建立一个合理的、持久的人际关系。与此相对的，比较组的校长在工作中似乎更依赖自己，并且似乎更不像学校这个大家庭中的一分子。举例来说，艾玛小学的贺普利斯校长每天真正意义上的谈话对象只有一位，那就是识字教师。

贺普利斯校长：在这里很难和教师建立联系。我的意思是和教师有一些交流，但是很难像我以前的学校那样，有非常亲近的关系。基本上，在这所学校，我和大多数教师都没什么交流，除非我安排一场正式的会议。

茵珐珂秋女士是比较组的另一名校长，她说，即使她认为自己是一个非常关心别人的人，但还是很难和其他人员建立起亲密和谐的关系，因为行政人员、教师，还有学生这三个团体，长期处于独立的状态。

茵珐珂秋校长：在行政人员、教师，以及学生互不交流的问题上，我是很难理解的。在普通的情况下，行政人员和教师基本都不交流，但是学生也不和行政人员交流。有学生曾经对我说，"我不去校长办公室。只有坏孩子才去校长办公室。"

在建立关系的过程中存在困难的比较组校长们，在对待员工时，似乎都采取了放任自流的态度，觉得在他们的学校里同教职员工建立起有效的、积极的关系是一件不可能的事。

利琳魁斯校长：有人告诉我，我的教师都不想和我谈话，因为他们担心我会在谈话之后打击报复他们。但是这怎么可能呢？

和卓越校长们一样,比较组的校长们也在谈到他们的信念时,认为同所有人员建立良好关系、提升教师的专业性、提升教师的领导力都是极具价值的。但是,区别在哪儿呢?区别就在于,成功的校长可以做到这些,而比较组的不可以!

第二章
首先，建立良好的关系

思考

汉克·鲁宾说过："我们是与人合作，并由人来完成工作。"参考你所认识的校长，为了更好地完成工作，他们都开展了哪些活动来建立良好的关系？在决定哪些行为能够更好地建立关系方面，你会用什么样的标准来确定这个行动是最好的？

给校长的建议

建立关系

- 发现每一个员工的优点。
- 同遇到的每一个人建立良好的关系。
- 尝试同那些比较冷漠的员工发展有意义的关系。
- 同员工坦率地交流。

提供教师领导力

- 让教师参与决策制定环节。提升团体的工作能力，消除孤立的教师。
- 提升领导力和专业性。
- 组织和支持专业学习社团。

3

第三章

锻炼你的职业意志，并保持谦卑

在我的一生里没有什么特别高明或者杰出的事，除了这一件：我只做我认为应该做的事，并且，我一旦决定去做就一定会立刻付诸行动。

——西奥多·罗斯福（美国第二十六届总统）

From Good Schools to
GREAT SCHOOLS

柯林斯研究中的第五级经理人绝对不会因为自我意识而影响一个公司长久的发展。同罗斯福总统说过的一样，"他们是二元性的代表：谦虚但充满目的，谦卑却无畏"。随后柯林斯评论这些第五级经理人，激励人心的并不是他们的个性，而是他们公司的环境。让员工不断受到激励的不是管理者的个性，而是他们所制定的章程。当人们看到自己的努力有了成果的时候，就会得到激励。领导者个人的人格魅力可以激励员工，但是这种激励常常并不持久。而真正能够维持这种激励的并不是领导者本身，而是公司的管理制度以及在这个制度下工作的人员。亚伯拉罕·林肯曾经也是这种二元性的典范。那些不了解他的人只看到他的害羞、谦逊，以及踌躇不决的个性，并将这些作为软弱的表现。然而，从历史上看，林肯的政绩却证明了这些观念都不过是人们的误解。他从没有让他的自我意识阻碍他想要建造一个长久繁荣的国家的目标。

第三章
锻炼你的职业意志，保持谦卑

校长是否拥有谦逊的品性？

柯林斯曾经对个人谦逊做过明确的定义，然而要想在对校长的采访中严格地按照这个定义来寻找这种谦逊的人格和职业的意志两种特性，却并不是件容易的事。校长们常常在我们的采访中清晰地表达出他们的职业意志。虽然如此，谦逊的人格特质却是另外一回事，在我们开始介绍我们在研究中的这些发现之前，我们还需要再进行一些讨论。我们在每一个卓越的校长身上都发现了不同程度的有关谦逊的特质的证据。尽管如此，在我们第一次审查我们的采访时，这些证据却没那么明显。在新的再次审查中，我们发现六名校长中，有三名校长（男性），完全符合我们对个人谦卑特质的审查标准（谦逊的举止，评论中所明显流露出的谦卑），而另外三位校长（女性）则不符合这个标准。这次发现上的分歧对我们而言是个惊喜，也让我们开始反思是否对谦卑这个概念，有一些偏见或误解。这种误解可能对我们收集信息和审查的过程造成不良的影响。回过头来，我们重新思考了三个可能会影响我们研究结果的问题：（1）对于校长的工作，采访提问时的问题属性；（2）采访数据的缺陷；（3）因为性别所造成的个性差异。

采访提问的属性

我们在采访校长过程中所使用的问题都来自于柯林斯，我们只是在原有的基础上做了一些修改而已。这也带来了一个新的问题，即我们在采访中开始希望能够得到与柯林斯研究所得到的相似的答案，自律，冷静，缄默，甚至是腼腆，这些在柯林斯的访问中所出现过的人格特质。首席执行官们通过为公司牟取利润，站在了公司的最高层，这是他们成功的一种标志。而我们的校长们只是学校的管理者，在这里只能够通过一些人为因素，例如，开展团队合作，有效的教学指导，学生成绩的提高等来判断他们的成功。所以我们向这些校长提出了我们的疑问，他们觉得哪些措施促成了他们学校的成功。在校长所有的这些回答中，我们发现决策力和执行力是这些校长们和他们的员工工作过程中最重要的部分。而在学校的成功上，想要回避校长个人对成功的影响，显然是不合适的。当我们向他们问到，他们是如何和员工开展工作的时候，卓越的校长和卓越的首席执行官们在回答的方式上有了非常微妙的差异。我们在前面一章里已经介绍过了邦德校长，并分享了他作为学校一员得到成长的故事。他介绍过一个他们现在常常用来开员工会议的流程，他说"作为一个教学领导，我得到了很多。如果没有这些充满才能的教师的参与，五年前我们就不会有这项员工会议。"在这一系列的谈话中，他通过各种不同的方式展示了他的谦逊——他对于和员工一同得到成长的认可，他对于自己没有能够早点使用员工会议的自责，而这些正表现了他的自律精神，以及他对于同事们所拥有的才能的感激。

第三章
锻炼你的职业意志，保持谦卑

采访数据的缺点

在数年以前，柯林斯的研究小组对于他们的研究数据做了一项深入的分析，以此作为他们对卓越的首席执行官们的结论的补充。这些分析材料包括公司文件、相关的演讲、报纸和杂志报道，以及有关他们的采访。而我们对于成功校长的检验仅仅只有一条，那就是我们所使用的采访数据。如果我们并没有从校长们的言谈举止中发现他们所具有的谦卑的特质，我们还有另外一种方式来确认他们的这种特质——他们说话的用词。幸运的是，我们得到了我们想要的这种信息。

个性差异

采访中，并不是所有卓越的校长都会展现出害羞或朴素的个性特质。这也正好给了我们一个理由来怀疑，柯林斯研究中所认定的个人谦卑的特质可能并不适用于我们的校长。虽然如此，我们在后来的研究中发现基本每一个卓越的校长身上都显示出了这项特质，不管他们是害羞的、保守的，还是坦率的、开朗的。在个人的采访中，校长们身上的这种差异性得到了充分的展示。表3-1描述了这种个性差异，从温和缄默到热情活泼。

表3-1 高度成功的校长与比较组校长的个性差异范围

温和，缄默	←		→	热情，活泼
福克斯校长	康斯皮瑞希校长	贺普利斯校长	奥普利维休斯校长	迪斯普林校长
昂普休斯校长	利琳魁斯校长			艾斯柏林校长
邦德校长				佩斯维尔校长
茵珐珂秋校长				

我们在分析表3-1的数据的时候发现了一个有趣的模式。校长们个性的差异从温和缄默（包括三位卓越的男性校长和一名比较组的女性校长）到热情、活泼，以及充满活力（三位成功的女性校长），而其他来自于比较组的女性校长则更趋于两者之间。

这种在成功校长身上，由于性别原因而出现的个性差异是不是有原因的呢？我们认为是的。在19世纪，女性教师是非常稀少并引人注目的。在历史上，由于女性一贯被认为是需要尊重并仰赖男人的权威的，因此，只有极少数的女性能够受到教育。在不到五十年的时间里，从只有极少数女教师，发展到1900年已经有70%的教师是女性。除了早期在小学管理层方面，领导者仍然还是由男人主导以外，在后来的几十年里，成百上千的女性成功地占据了学校领导层的职位。目前，核心的办公室行政工作中，女性占据了57%，而在学校的校长中则占据了41%。在小学这个层面上，一旦考虑到领导力的问题的时候，男性校长身上所具有的谦虚或者谦卑的特性，无论是

第三章
锻炼你的职业意志，保持谦卑

在过去还是在现在，都被认为是一种力量的标志，尤其是在目前绝大多数学校是由女性教师为主导群体的情况下。在我们作为教师或者行政人员的职业生涯中，我们本身也见证了很多女性通过努力提升到传统中被男人所占据的领导职位。而在这些例子中，她们中的许多人通过更坦率，更热情，更进取的方式，从他们的同僚中脱颖而出。我们怀疑这种行为是因为传统制度对男性候选人的偏见而产生的。换句话说，这种行为不过是为了消除任何关于女性更为软弱的想法的一种尝试。

个人谦卑：不同的表征

通过各种标准来判断我们研究的校长是否具有个人谦卑的特质，这样做的意义到底在哪里呢？开始的时候，我们对于研究中有一半的卓越校长具有同柯林斯的研究相一致的个性特征——温和而冷静，这样的发现有什么意义，还不太清楚。而另一方面，我们另一半的校长们所表现出的个性与此正相反，他们热情、开朗，在某种程度上个性强势。我们对每一个校长的谈话都做了反复的检查，试图寻找出一些隐藏的、表示谦卑的信号，幸运的是我们在很多校长身上都发现了这种迹象。这也让我们想起了柯林斯和他们的研究团队曾使用过的一些方法，来消除收集到的内容中不必要的信息。柯林斯说，他们常常会为此"争论，敲桌子，大声咆哮，休息并反馈意见，然后再次争论，反思，讨论，解决办法，质疑，然后开始再次争论

'这样做的意义'"。于是，作为一个团队，我们也聚集到一起开始讨论收集到的信息，首先我们认可了柯林斯研究中，卓越公司领导人所展现的个性谦卑是一种长期持久的表现，从外到内都表现出了这种稳定性。他们的举动就表明了他们的这种谦卑特性。我们可以毫不犹豫地肯定我们的三位卓越的男校长完全符合柯林斯的这种定义。但我们三位卓越的女校长却并不是如此。对于这三位女校长而言，谦卑只是间歇性地出现在她们的言语中，而在她们的行为举止上则毫无展示。（我们将在后文中对此给出具体的例子。）于是我们一致认为，并不能因为这三位女校长性格开朗、热情，充满活力就认定她们不能在其他方面证明她们的谦卑。举个例子，当我们问及迪斯普林校长，最令她自豪的是什么时，从表面上看，她仍然精力旺盛，充满热情，但是她却以一种非常冷静的声音来给出了答案："员工。他们彼此关怀。不管是在生活还在工作上，他们都愿意为了对方而付出。我很尊敬他们。"基于此，我们在关于个人谦卑的标准上有了修正，也因此，我们可以认定我们所有卓越的校长都具备了谦逊这个品质，无论是在个性上，还是他们的言语中，又或者两者兼而有之。

我们在研究中不仅证实了个人意愿与个人谦卑的二元性，还发现了可以证实其他行为和个性特质的证据。我们在这里给出的一些例子，同样也在后面的几章里作为证据，在证明令人折服的谦虚、刺猬理念、不可动摇的决心、公司的雄心壮志等特质时而被使用。

现在，我们回到关于职业意志与个人谦逊的二元性的问题上。我们先来看看那些个性腼腆、自律的校长们是如何证实这种二元性的。

腼腆且自律的校长

在前文里我们已经介绍过，我们三位卓越的男校长，正好完全符合柯林斯研究中对于个人谦逊的描述。另外，我们也通过对个性中自律、内敛，以及谦逊的态度，这些对卓越的首席执行官们的描述，来进一步肯定个人谦卑的具体内容。作为职业意志和个人谦卑这种二元性的典范，我们仔细分析了这三位校长。

福克斯校长

在这三名校长中，这种二元性在福克斯校长身上表现得最为明显。从他身上，我们看不到激动人心的个性，事实上，在整个采访中，他都保持着安静、谦虚和严肃的态度。他讲话的声音很轻，轻到我们的采访者需要把话筒放在离他非常近的位置。但是，不要搞错了，他的腼腆和谦逊并不代表他很软弱。他非常清楚地知道，他想要什么，并确定自己一定能实现它。当我们问及他是如何选择教师，尤其是在他刚刚开始管理他的学校的时候，他给出的回答完全展现了他的个人职业意志。他说他会同每一个候选教师分享他的教学理念，如果这些教师不能同他的理念达成一致，那么这些教师就被过滤掉了。当我们问到他如何使学校获得成功的时候，他谦虚地回答说，曾经做过的那些工作都很重要，而这又再一次地重申了他的职业意志。

From Good Schools to
GREAT SCHOOLS

福克斯校长：我希望大家可以了解到，我做了所有我认为可能会对学生有益的工作，竭尽全力去支持教师的工作。我把他们永远放在工作的第一位。

他分享了一个关于提高学生阅读力的例子。福克斯校长决定学校里所有的教学和财务决策都必须是为了给学生提供更好的阅读条件并提升学生的阅读水平。而学校的老师们也完全理解他的这项举动，而且这些教师也从他的这项举动里受到了极大的鼓舞。这之后，当教师们看到自己对学生的付出有了成效的时候，也就再次得到了激励，从而更加积极地进行这项工作。福克斯校长在决策制定方面的成功，使得教师在教学上提高了效率。决策制定虽然只是在校内执行的，但绝对不是毫无意义的，事实上，它清楚地证实了福克斯校长的职业意志。

福克斯校长：决策的制定完全属于团队工作。我和副校长对于教师都非常地坦白，我们需要做一个什么样的决定，都会非常坦诚地告诉教师们。我的工作是引导大家来完成这样一个决策。当然首先我会很深入地思考这个问题，以及这个问题可能会有的结果。当教师做出决定的时候，不管教师们最后的决定是怎样的，我觉得大多数时候，我们的想法是很接近的。如果他们的决定是对这个问题置之不理，那么我会和他们谈话，一直谈到他们经过多次思考之后得出统一的意见为止。

虽然福克斯校长对于自己的信念非常地坚持，有着非常强烈的

第三章
锻炼你的职业意志，保持谦卑

职业意志，但一旦问题涉及到学校的成功时，他总会第一个告诉别人，学校的成功来自于学校本身的体制和学校的员工，而不是他一个人的功劳。

邦德校长

和福克斯校长相似，邦德校长也同样表现出一种朴素的、谦虚的态度。在我们的整个采访中，他全身上下都表现出了一种谦逊。从外表上看，他坐的姿态表现出他非常地冷静、放松和低调。我们的椅子是面对面摆着的，中间没有桌子，而他的椅子则是靠着墙，面对着采访室的大门，透过大门，他可以看到我们外面的办公区，当然，他的注意力始终是在采访者身上。他双臂交叉，以一个非常放松的姿势坐着。整个采访期间，他都表现得非常安静，仅仅当我们提问的时候，他才回答。每问到一个问题，他都会经过仔细思考后才回答，好像在权衡各个方面的影响因素。和福克斯校长相似，他说话也非常地轻，我们必须将麦克风夹在他的领带上才能录下他的回答。不过不管在言行中他是如何表现他的谦虚的，在他的采访话语中，我们都清楚地见证了他的职业意志。当他谈起曾经有过的一个负面评价时，他笑了起来。

邦德校长：四年前，正好轮到我的年度考核。而我所在的学校，成绩却很一般。我的领导把我叫到他的办公室跟我说，"要么提高成绩，要么滚蛋。"当时确实挺难受的。当这个内部评估结束的时候，我给我的老师打了个电话。他问我："你有没有漏掉任何你觉得有可能对学校产生影响的工作？"

"没有。"

"你说的是真心话？"

"是的。"

"那么，这就是你能做到的最好的了。有的时候，这项评估并不能很准确地反映出你做了些什么，它也可能不能很好地评估出你与你学校的匹配性。千万不要觉得自己不行。"

我也确实没觉得我的管理有什么问题，当然也就没有改变我的管理方式。不过好笑的是，我们学校的API（学术表现指标）突然上升起来，并且我们成了这个学区内第一所进入到"800"（API分级）的学校。我的老板在一年半之后给我打了电话，然后我得到了一个非常出色的评价，就好像之前那个要炒我鱿鱼的评价从没出现过一样。我尽量保持着冷静，和他握手说道，"非常感谢。"而这一切也不过是关于人生的高潮和低谷而已。

当我们谈到邦德校长的领导类型的时候，他的职业意志和谦卑的态度都得到了清晰的证实。他略显踌躇地作了回答。

邦德校长：这个问题取决于你问的是谁。我希望他们会告诉你，我这个人对什么都很公平。他们可能会说，我是个很冷静的人，并且是个好听众。他们也可能会说，"他喜欢笑话他自己，并分享他自己的个人经历。"他们可能会将我描述为一个坐在那里听他们讲话，然

第三章
锻炼你的职业意志，保持谦卑

后将听到的内容冷静地反馈给他们的人。他们也可能会说，我是个即使说想要干什么事，但却一次也不会真正去改变正在做的事的人。

昂普休斯校长

当我们踏进贝语小学的办公室的时候，对将要发生的事情还一无所知。我们在下一章里将更深入地介绍贝语小学的校长昂普休斯先生所具有的谦虚品质。即便如此，我们希望您了解的是，在我们整个采访过程中，昂普休斯先生所表现出的态度是多么地朴素和内敛。昂普休斯校长在整个采访中，说话都非常地缓慢与严谨，而这也是我们所非常欣赏的，因为这种表达方式给了我们足够的时间来记录他所说的每一句话。

刚才，我们向大家简单地介绍了他个性中的谦虚。现在我们来看看他个性中二元性的另一面：职业意志。从他开始谈论他对学校教师们的期待时起，他的这种职业意志就开始展现了。昂普休斯先生清楚地知道，学校的教师是他的首要"客户"，而他的工作就是支持他们的工作，保护他们并鼓励他们。只有通过他们，学生才会取得成功。他相信当你创造出一个充满自律和自信的教师团队的时候，课堂的教学和学生的学习就会达到一个最佳的水平。因此，昂普休斯校长承担起了在教师中建立关系的重担，他让这项工作成为了学校的首要工作并一直保持了这种首要性。

昂普休斯校长：我花了很多精力来确保这所学校是由大家一同

管理的。我认为我的主要工作是支持那些在教室里做实事的人。另外，我也要确保这些人同我一起来承担制定决策的责任。为了达到这一点，我们都需要接受大量的培训。我和我的这些教师们毫无遗漏地参加了所有的相关培训。

昂普休斯校长在支持教师方面证实了他的职业意志。

昂普休斯校长：当学校外面出现一些状况，而这些状况会影响我的教师们的工作的时候，我会很积极地去为他们辩护。举个例子，最近我接到了学区监管人的电话，他告诉我，我们有一个家长直接跑到他那里向他投诉我的一名教师。我立即开车到了学区中心办公室，去了解情况，最后发现，这项投诉并不公正，因为我的这名教师并没有收到任何不满意的投诉。

开朗和充满激情的校长

早些时候，我们曾稍微介绍了一下三位成功的女校长，他们与男校长们的冷静自制完全不同。她们全身都充满着活力和激情，个性开朗。基于她们的个性很明显，不害羞也不保守，我们决定更进一步来研究他们在采访中的回答。我们首先回忆了佩斯维尔校长的采访。

佩斯维尔校长：我在了解每个人的工作内容后，对他们的工作给予支持，而且，我也在建立更紧密的关系、获取信任方面做了很细微的调整。这之后，通过测试的数据，我将很多的想法与数据做

第三章
锻炼你的职业意志，保持谦卑

了比照，得出了一些结论。这让我为下一年的工作做好了准备。

当我们问到她的领导类型时，她觉得她是通过从教师那里获得支持来推进工作的类型。

佩斯维尔校长：我觉得我和教师谈得越多，得到的支持也就越多。举个例子，在教师中，有些人总是习惯性地去破坏其他人的努力。我知道这些人是谁，所以常常私下里在事情发生前，就和他们谈话。这种策略非常有效。如果我没有提前处理好这些人的问题，冷着脸就走进会议室，开始员工会议的话，这个会议不会有任何的效果。当然在这里，由于小部分人所引起的负面信息还是会有一些影响的。

佩斯维尔校长相信己所不欲，勿施于人，自己不愿意做的事情，也不指望教师会愿意去做。因为她相信，无论他们决定做什么，根本目的都是为了学生，为了支持教师的工作她可以做任何事。她可以做示范课，可以辅导教师，可以提供资源，甚至提供员工发展项目来支持他们的工作。

这名校长也分享了一些曾经让她觉得羞愧的事。

佩斯维尔校长：我在这所学校的第一年，我们建立了一个愿景和宗旨。在此之前我已经独自建立了自己的愿景并为此做了一些工作。但是我的愿景仅仅只是我的期望，这些期望充满了不切实际的色彩。很快我意识到了我们需要集体发展一个共同的学校愿景。

艾斯柏林校长

艾斯柏林校长的职业意志根植于她希望建立一个成功的学校的野心。她在密仙小学的管理由两部分人员组成,一部分是顽固守旧的老教师,一部分是渴望改变的新教师。

艾斯柏林校长:这些老教师从一开始就和我对着干。有位教师甚至这样说,"在密仙小学,我们决定校长的成功或失败。"当然我没有让她们打倒我。我觉得不管这些教师喜不喜欢我,只要能够搞定这些教师,那么这所学校就会非常成功。

当我们问到她的领导方式时,她坐在椅子里,以一种非常自信和直率的方式说,"我对员工非常地直率,当然有时候,这会给你带来一些麻烦……我相信我所相信的,并会为此而坚持到底。"

艾斯柏林校长分享了一个工作中很重要的经历,她认为正是这个经历成就了她的领导方式。她个性中谦逊的部分,被她的职业意志,充满活力的话语,以及充满竞争力的精神掩盖了,但是,在这个故事里,她的谦逊得到了充分体现。

艾斯柏林校长:当我第一次担任一所学校的校长的时候,经历过一些试验和失败,我觉得正是这些试验和失败的经历帮助了我。当我第一次在这片学区里开始做校长的时候,我觉得我做的所有的一切都是正确的。当我最后不得不面对它的失败时,那是很难的。但是从那件事中,我认识到,你不可以强迫别人在没有准备好的情

第三章
锻炼你的职业意志，保持谦卑

况下就去做一些事。人都是从失败中学到教训的。我就是如此。

迪斯普林校长

最后，我们来看一下迪斯普林校长。当我们踏入学校的大门那刻起，我们就感受到了她散发在学校空气中的每一分热诚，而这份热诚在我们的采访中一直持续着。

迪斯普林校长这样描述了早些时候当她刚开始接手亦歌小学时所遇到的情况，当时学校的员工中有很多人有着负面的情绪和行为。而这些教师中有一些是一年级的教师，他们同前任校长关系非常紧密，他们使所有人的生活都非常地不愉快。而迪斯普林校长很快就做了一个决定，她不允许任何人打乱她建立一个有规则的学校的计划。

当我们问到这个学区的聘用流程，以及她是否拥有人事权的时候，迪斯普林校长说"这正是她痛苦的源头"。

迪斯普林校长：在今年春天的时候，所有的校长（14名）为了聘请教师而召开了小组会议。这才是真正地与我们的需求相关的。有时候，我会直接说，"讨论结束，这些人我全要了，他们都归我了。"

迪斯普林校长补充说那些比较了解她的人都知道，一旦涉及到学校的利益，她就会变得很顽固。

另一方面，从迪斯普林校长的回答中，也不难发现迪斯普林校长身上所具备的谦虚的特点。当谈到学校的运作方式时，她流泪了。

问题：现在请来回顾一下你的工作，你觉得你最自豪的是什么？

迪斯普林校长：员工，他们对彼此的关心和照顾，不管是工作上还是生活上，都非常愿意付出。

比较组校长的意志力

比较组的校长没有像卓越组的校长那样表现出大无畏的精神或是充满意志力。至少有两个例子，在极有可能会引起严重冲突的时候，校长们选择了置身事外。贺普利斯校长沮丧地说，她的员工利用员工工会来阻止学校向更积极的方向前进。她谈到，"我知道我们应该做些什么，我也知道我们下一步需要做些什么，但是这些充满负面情绪的教师阻止了我。就好像，我们正在前行，而他们一直在后面扯后腿。我可能应该申请调到其他的学校。"当我们问到利琳魁斯校长如何来处理财务问题的时候，她的回答却是"你只需要摇摇头，然后继续走你的路。"

谦虚或者谦卑这些特质是很难和沮丧或者挫败感这些相混淆的。而这些负面的情绪也正是比较组的校长在采访中所表现出的特点。不过茵珐珂秋校长是一个例外，因为她是这样说的，"我是一个和员工相处很好的人。我觉得我也是一个学习者。我从不觉得我知道所有问题的答案。"

第三章
锻炼你的职业意志,保持谦卑

思考

回想一下你认识的某位既具有专业意志又拥有谦逊人格的教育领导人。有没有一些有关专业意志,或者谦逊的人格,又或者兼而有之的行为,是值得其他人学习的?对于这些素质而言,哪些活动可以作为教学练习?

给校长的建议

展现职业意志

- 无畏
- 做学校和外部压力的缓冲垫
- 先声夺人,具有话语权

展现谦逊的人格

- 懂得谦虚
- 不出风头
- 能迅速地表扬他人
- 懂得谦让

4

第四章

将功劳归于别人，将责罚留给自己

一段辉煌的人生中最闪耀的部分是一个人的谦虚和谨慎，即便是最尊贵的王子，也无法逃脱它对人生的影响力。

—— 拿破仑（法兰西第一帝国缔造者）

柯林斯的第五级经理人经常谈论他们的公司，还有其他人对公司的贡献，虽然如此，他们却常常省略掉自己在公司中所起到的作用。当事情发展顺利的时候，他们常常将功劳冠予别人，而当出现问题的时候，则将责任揽给自己。而与此相对的，在柯林斯的研究中，比较组的经理人则显现出以自我为中心，渴望得到他人关注的特质，他们经常将失败的原因推给别人，而将成功的功劳归结于自己。

一些研究表明，以自我为中心，并希望通过个人魅力来吸引人的人格特质，在教育领导人身上并不是一个积极正面的信号。墨菲（1988）曾在他有关教育领导力及其学校效应的著作中说过："越是有英雄主义的地方，真正的英雄就越少。要想成为狮子，首先就要先成为羔羊。"福兰和哈格里夫也都认为凡事以自我为中心的做法和谦卑是完全对立的。

"我的观点""我的老师""我的学校"是一种所有权的声明和态度，同时它也是将学校归为个人而非集体，将意愿强加于人，实行等级而非民主的表现。它不仅减少了校长们自我反省的机会，也减

第四章
将功劳归给别人，将责罚留给自己

少了校长虚心听取意见，得到改进的机会。

我们认为一名以自我为中心的校长，将在保持领导力和获得员工认可方面遇到更多的障碍。

出人意料的谦虚

可能是因为一时冲动，又或者是因为我们在其他地方读到了这样一个技术，于是，我们开始希望通过一项实验来进一步确认，在我们研究的校长身上是否存在这种以自我为中心的人格特质。我们对采访中与学校成功和学生成绩改善有关的问题进行了统计，计算了校长们在面对这样的问题时，以"我"开头陈述的次数。我们将高度成功的校长作为一组，在这些问题中，他们一共谈到了31次"我"，而作为对照的比较组则达到了58次。虽然样本的来源比较小，其中的变量因素也比较多，从统计结果上看，两组在"我"的数量上的差异也不算大，但是，这个结果足以让我们相信，高度成功的校长比对照组的校长，在校长这个职位上要更谦虚谨慎。

持续卓越的能力

在柯林斯的研究中，对于判断首席执行官是否成功，很重要的一点就是在这名首席执行官离开之后，这个公司是否还能够持续这种卓越的业绩。目前，已经有人开始就魅力型人格的领导者，在离开公司之后，是否能继续维持原公司的卓越性展开研究。勒温和雷吉娜宣称,"领导力的最大贡献在于培养组织中有力的接班人,即使在领导人离开之后也可以带领组织走得更好。"福兰猜测大多数的学校在他们的"发动机"校长离开后都会出现学生成绩不同程度的下滑。在后面的篇章中,他做出了如下的观察:

魅力型领导人常常在不经意的时候,就给组织带来了比益处更多的弊端,大多数情况下,他们在带来了巨大的成就之后,紧接着就带来了更多由于依赖产生的沮丧及挫败的情绪。而这种像超人一样的领导人也常常带来另外一种影响:他们成为了大多数人都无法企及的楷模。然而事实却是,深入且持久的改革更依赖于我们中的大多数人,而不仅仅只是命中注定的杰出的人。

那么,在我们采访了这些卓越的学校之后,它们又会不会有一些改变呢?答案是,所有这些学校仍在继续创造辉煌的成绩,即使是当卓越的领袖已经离开了他们。

将功劳归于别人

你应该还记得我们向校长采访过的问题,都来自于我们对柯林斯的研究中问题的改良。出于这个原因,我们期待着校长们的回答也能和柯林斯研究中的答案有所相似,而在柯林斯的研究中,首席执行官们都回避了谈论他们自身在工作中所扮演的角色。不过,我们的校长回答了我所提出的这样两个问题:他们在学校做了些什么以及他们为了使学校成功又做了哪些工作。要想完全回避校长们在

第四章
将功劳归给别人,将责罚留给自己

学校的成功过程中所扮演的角色这个话题是很困难的。然而也正是在他们的回答中,才能够将卓越的校长和比较组的校长做出区分,这种区分正是通过那些细小的、不同的、谦虚的表达方式来完成的。成功的校长们一直将成功的功劳归于教师,而将决策失误或项目失败的责任归给自己。以下是来自于艾斯柏林校长和佩斯维尔校长的例子:

艾斯柏林校长:(当固定的数学测试耗费了太多时间,学生也没办法去参与其他更有相关性的数学活动时)老师们一起想出了解决办法,计时的测试可以继续,但是次数不需要这么频繁,并且测试的次数应该根据学生个人的情况适当作出调整。我对此完全赞同。

佩斯维尔校长:(当芒特小学的老师抱怨每天都必须进行指导阅读时)我知道我给了他们太大的压力,所以,我做了一些让步。

比较组的校长们也常常将功劳给予老师,但是,当事情没有按照他们所期望的进展的时候,他们常常会将原因归结到其他问题上,又或者推到其他人身上。举个例子,当康斯皮瑞希校长的员工告诉她,她们一直实施并希望可以继续实施的一个数学项目被取消了的时候,康斯皮瑞希校长这样说:

康斯皮瑞希校长:这不是我的责任。当监管人说不行的时候,就是不行。

我们将那些可以表现谦虚的事实和卓越校长们身上的谦卑特质进行了分析,下面就让我们从昂普休斯校长和贝语小学开始吧。

【案例】昂普休斯校长和贝语小学

贝语小学是位于加州的一所小学，它所在的学区内一共有12所小学。这所学校为大概700名学生，提供从幼儿园到小学六年级的课程服务。整个学校一共占地十英亩，离太平洋只有2英里。它的边上正靠着一个小型的街心花园。学校的设施主要建造于20世纪50年代，那时候还有很多位于操场上的临时教室。而学生中大约有65%是西班牙裔，14%是白人，14%是菲律宾裔，另外，还有7%是亚裔和其他种族。31%的学生将英语作为第二语言学习，他们的母语不是西班牙语就是菲律宾语（比例分别为95%和5%）。43%的学生有资格享受餐费减免的服务。这所学校是该学区内指定的重点示范小学。而这所学校的学生来源主要是从其他辖区内的满员学校中调剂过来的学生。也因为如此，这所学校学生的数量和流动性都居高不下。但是令人惊叹的是，即使是在这样的情况下，正如表4-1所示，贝语小学的学生成绩仍然在学校的学术性能指数排名上（API）长期位于前列，创造了突出的成就。

表4-1　贝语小学：API同类学校等级排名

1999	2000	2001	2002	2003	2004	2005	2006
7	10	10	10	9	9	9	9

第四章
将功劳归给别人，将责罚留给自己

采访的当天，当我们到达贝语小学，开始准备采访的时候，忽然感到了一丝恍惚。办公室的人员，来来往往都很忙碌，我们听着老师们谈论一天结束时，经常会发生的一些小事——有两个学生错过了校车，原本应该在下午上绘画课的老师没来，三年级的老师正在2号房间开会讨论考试成绩。开始的时候，没有一个人过来和我们打招呼。我们当然也不知道哪一个是校长。最后，一名站在接待台后面的男士用一种非常温和的语气向我们问道，"有什么事我能帮到您吗？"直到那个时候，我们才知道办公室的哪一边是属于校长的，同时，我们也悄悄打量了一下那间办公室，想看看有没有人在里面。我们解释了我们是谁以及我们和校长已经约好了。而这位先生则回答说，"我就是昂普休斯，我想我就是你们要找的人。"

很快我们就开始了我们的采访。而且我们很快就了解到昂普休斯校长已经在这个学区里工作了27年。十年前，他在该学区的一所小学里被升任为校长，并在那个职位上干了五年。当我们向他问道，他觉得他为什么会被学区任命为校长的时候，昂普休斯校长谦虚地说他觉得自己并没有做过什么特别的工作来获得这个职位。他用一种非常谦虚的方式说道：

昂普休斯校长：我觉得我能在学区里得到校长这个职位，首先是因为学区的监管人希望校长们都能有博士学位，而那个时候我正在朝那个方向努力，我想大概是这一点让监管人觉得我还不错。

问题：您觉得是什么原因将您分配到贝语小学的呢？

From Good Schools to
GREAT SCHOOLS

昂普休斯校长：学区里面规定了每隔五年，校长就需要调换一个学校。而那个时候，正好轮到我了。其实那个时候我什么也没干。

我们希望可以了解在贝语小学的转型过程中，到底发生了什么。

问题：能不能谈谈在过去的五年里学校的教职员工是怎么参与到学校的工作中的呢？

昂普休斯校长：当我刚刚在贝语小学上任的时候，我接手了这里原有的42名教师。而他们中，至少有一半的人，相对而言都还是新人（只有一到三年的教学经验）。那个时候，学校正在实行多学期制。事实上，要想将所有的教师都集中起来是不可能的。因为总是有至少三分之一的教师不在工作的学期里。教师们彼此之间也变得相对陌生起来。它就好像是把学校分割成相互脱节的三段。一年后，这所学校回到单学期制。我觉得这是个将教师组织起来的好机会，于是我们开始将教师组织起来，一起合作开展工作，一起制定决策。

对于这名校长和他的员工而言，这就是他们在完成单学期制后对学生的成绩起到巨大提升作用的原因。他们抓住了问题的核心。我们向昂普休斯校长问过，他觉得是什么因素影响了贝语小学的学生成绩。他的回答再次验证了他之前所提到过的，将学校的管理权下放到每一个员工，他认为这样可以发展所有员工潜在的领导力。为了建立有效的员工与他之间的合作关系，他费了很多功夫，并且在此方面他也非常有技巧。他不仅理解了通过建立集体领导力来提升工作效率的价值所在，也充分实现了这种想法。

第四章
将功劳归给别人，将责罚留给自己

问题：在2000年，您的学校的API同类学校排名从第七级跃升到第十级。您觉得是什么造成了这种变化？

开始的时候，昂普休斯校长表现得有点困惑，但很快就给出了确定的答复。

昂普休斯校长：噢，这个是由于我们有了很好的教学人员。他们为此确实做出了很多的努力。那一年在我们的郡里，我们学校的排名是最高的，当然在我们的成长史上也是最高的。

问题：您有没有修改过一些学术项目或者您与您的员工在工作方式上进行过一些改变，而这些改变则可能是造成学生成绩提升的重要原因？

昂普休斯校长：我们在那一年以及后面的四年里真正做过的事，就是积极和郡教育办公室保持了很好的联系，同时参与了办公室所组织的学校领导小组团队。我和每个年级的年级代表全年都参与了这些领导小组会议。我们每个月都这样开一次会，然后回到学校和年级小组的成员开会，将我们所得到的信息再转告给大家。

教师所参与的由郡教育办公室所组织的领导小组会议直接在贝语小学造就了一个充满凝聚力的学校领导小组，而在此小组中，昂普休斯校长也是其中一员。

昂普休斯校长：那是第一次，老师们真正意义上坐下来与大家一同开会分享他们所做的工作。我觉得它能够发生主要是因为教师在参与领导小组项目时产生了一种强烈的自律感。我们现在都是集

From Good Schools to
GRAVE SCHOOLS

体一起工作；对我而言，这件事是对学生的成绩产生最大影响的一件事。从那之后，老师就开始共同工作直到现在。

问题：您怎么确认所有的教师都可以一直持续关注提升学生成绩呢？您又是怎么知道他们在课堂上有没有贯穿始终呢？

昂普休斯校长：我经常到教室观察他们的讲课，看他们是不是真的将他们说的那些在课堂上付诸行动。这之后，我会去告诉他们通过观察他们的课堂，我又学到了什么。我去教室不是为了监视他们，而是为了更好地帮助他们实施教学才去收集那些信息的。

当被问及他的领导类型时，他很本色地表现了他的性格特质，他将功劳和贡献以及付出的辛苦都归功于员工。请参考以下的采访对话：

昂普休斯校长：我不觉得我是学校的领导。我觉得我仅仅是学校里众多的领导者之一。他们才是真正的领导，我不是。如果不是他们，这些工作根本就不可能完成。他们才是真正冲锋陷阵的人。

问题：作为您所说的"众多领导者之一"，您觉得您做了哪些工作呢？

昂普休斯校长：嗯，我做的只是让他们都参与到学校的建设中来。这所学校是由大家来共同管理的。我给教师们足够的时间来一起合作。每个人都能参与到一些工作中。无论什么时候，只要是有重要的决定，我就让所有人都参与进来。

昂普休斯校长将大多数决策的制定都归功于教师们的领导力。

第四章
将功劳归给别人，将责罚留给自己

昂普休斯校长：我基本上已经不记得我自己一个人做决定是什么时候的事儿了。嗯，好吧，有些事情还是由我来做的，大概有些时候有些事情实在是太小了，为了不至于浪费大家的时间，就只好由我来决定了。

当昂普休斯校长谈到，保护教师免于遭受来自外界压力的重要性的时候，他也很自然地淡化了他在其中的作用。

问题：当您决定为了学校的将来而做出长期调整的时候，您的学校是怎么来应对那些来自学区、州以及联邦政府的压力的呢？

昂普休斯校长：一般来说我不会给老师们额外的压力。除非是必须的，不然我不会告诉他们那些来自外界的测试成绩。

问题：既然不给他们压力，那么您又是怎么来做的呢？

昂普休斯校长：我们会更多地谈论如何在更大的范围内提高学生的成绩。因为这才是我们要做的——不是为了必须的AYP（adequate yearly pregress，应达成年度进展，这是一项推行《有教无类法案》后，在全州范围内强制实施的问责制度）或者API，又或者一些其他项目的标签；而且教师才是真正实现这一切的人。而我所需要做的仅仅是让他们避免受到来自外界的各种压力。

除了将功劳贡献给其他人，他的谦虚还表现在，一旦出现问题，他总是第一个承担责任的人。最近，由于他们学校的英语学习者（母语为非英语的学生）在英语测试方面的不尽人意，而使学校受到了媒体的关注，这也给学校施加了很大的压力，而昂普休斯校长是第一个将责任揽到自己身上的人。当他在思考如何回答我们问题的时候，一直凝视着窗外。

昂普休斯校长：对于英语学习者需要接受英语测试这件事，我觉得非常抱歉。我应该更早地公布SABE/2（Spanish Assessment of Basic Education，西班牙语基础教育评估，这是一项由加州对母语为西班牙语学生所强制实施的测试）的测评结果，这样，他们就可以展示他们现在的水平到底如何了，实际上，他们现在已经在学习阅读和解决数学问题了。

和这位卓越的校长的采访，自始至终都贯穿着昂普休斯校长对造就学校成就的谦让和对学校未来的展望。

问题：您觉得您在贝语小学的工作中，最值得骄傲的是什么？

昂普休斯校长：学校的每一个人都可以愉快地一起工作，并且都一直支持对方。这是一所非常好的学校，当然，这完全是因为这里的员工，而不是因为我在这里做过些什么。

问题：如果您离开这里的话，您觉得学校会不会有什么改变呢？

昂普休斯校长：如果我离开的话，我觉得实际上并不会有什么太大的改变。这里的领导小组非常强大。再次补充一下，这完全是因为这里的教师，而不是因为我。

卓越校长将失误归咎于自己

所有卓越的校长都愿意将成就归功于他人，而将失误归咎于自

第四章
将功劳归给别人，将责罚留给自己

己。我们再次回顾了一下邦德校长的采访，他一直倾向于将工作的成就归结于老师的努力或者已经出现过的情况。当我们去拜访他们学校的时候，我们被学校办公室门口的一张公告栏所吸引，在这张公告栏的中间展示的是加州优秀学校奖的奖状，而奖状的周围则贴满了学校所有员工的照片。只是在这些照片中惟独没有邦德校长。

问题：我能问一下，为什么在外面陈列的优秀学校奖的公告栏中，没有您的照片吗？

邦德校长：为什么您觉得我的照片会出现在那里呢？我实际上什么也没做啊。

当他的员工需要从彼此孤立的工作方式中走出来，需要建立彼此之间的联系并互相交流的时候，邦德校长一直陪着这些员工参与了所有的培训。而当他的员工在他的帮助下联合起来，以团队的方式来开展工作时，他也作为一名教学领导而成长起来。在他看来，他没有能够更早地帮助员工建立起良好的联系，和他们开展谈话，从而使得学校可以更早地步入正轨，这是他工作的失误。

邦德校长：五年前我就应该想到用教师们现在用的这种方法来开展学校工作，这真是我的错。而且合作谈话一直就存在，但是我竟然没有想到，所以这是一件让我觉得很惭愧的事。因为安排这种谈话完全就是我的工作。

From Good Schools to
GRAVE SCHOOLS

比较组校长将失败归结于他人

比较组的校长也会将成就归功于教师和其他员工。但是在我们的采访中，他们还是常常将失败的原因归结于其他人或事，比如教师工会、家长、终身制教师、区监管员，或者学生的语言障碍。以下是比较组奥普利维休斯校长、利琳魁斯校长和贺普利斯校长三名校长对问题"您在您的学校里尝试过哪些没有效果的事？"的回答。

奥普利维休斯：有时候我想做一些我觉得很重要的事，但是因为得不到教师们的认同，所以最后这些事情总是不了了之。

利琳魁斯校长：（我曾经提议让教师们在下雨的时候，比平时提早一些打开教室的大门，让学生进去。这样学生就不用等在教室外面了，另外，当学生游荡在教室外的时候，我和副校长是很难照顾到每一个学生的。但是，学校里的那些工会人员立刻就向上面报告了我们的这个想法。所以最终这个想法都没实现。）在学校里，工会总是有办法来破坏我们的计划。

贺普利斯校长：（我确定有两名声乐教师，在教师工会里一直阻碍我们的学校进步。）他们出现了问题，从来不找我，而是直接去找监管人；而新的监管人也放纵这样的事情反复发生。慢慢地，这就成为了我们学校的运行模式，而在这种环境里想要进行管理是非常困难的。

我们发现，柯林斯研究中与令人折服的谦卑有关的证据，在比

第四章
将功劳归给别人，将责罚留给自己

较组的校长身上都只能发现很小的一部分。和高度成功的校长一样，比较组的校长也会将功劳授予其他人。但是不同的是，他们很快就将注意力转移到事情不顺利的追责问题上。而卓越的校长们没有任何一个人将事情失败的原因归咎于学校的教师工会或者其他人。

From Good Schools to
GREAT SCHOOLS

> **思考**
>
> 想想那些你认识的校长。他们是怎么展示他们的谦卑的？这项素质对于他们的工作而言起到了什么作用？而又在什么情况下，对于"为什么会成功"这个问题，"仅仅只是运气"是合适的回答？

> **给校长的建议**
>
> **表现谦卑**
>
> - 不要以自我为中心，或者特别强调施展个人魅力
> - 将成功的功劳归给别人
> - 因为学生成绩的提高而肯定教师的工作
> - 将自己所扮演的角色最小化
>
> **接受处罚**
>
> - 接受因失败带来的责罚
> - 懂得在适当的时候，将个人成功归结为"运气"

第五章

为了学校的成功而充满野心

　　野心是成就伟人的动力。由此衍生的一切,既能造就美好,也能造就毁灭。而所有这一切都由他们的主人来决定。

　　—— 拿破仑(法兰西第一帝国缔造者)

From Good Schools to
GREAT SCHOOLS

野心，总的来说，也是一种积极向上的想法，您不这样认为吗？这个词来源于拉丁语中的ambire，原意为"四处奔走"，同时也可以被解释为"获得投票"。14世纪，政客们需要通过四处奔走来获得选票，于是这个词也由此诞生。但是，野心并不意味着一意孤行，同时它也不是固定的一种职业，又或者是通过牺牲他人来提升自我。从字面上准确地来说，拥有野心意味着一个人即将开始一段属于他的人生旅程。真正的野心是一种令人钦佩的特质，而在柯林斯的第五级经理人身上，这项特质让他们希望他们的公司在他们离开之后还可以持续成功。柯林斯在谈到范妮梅（财富500强公司之一，总部设于美国，主要经营多种金融产品）的首席执行官大卫·麦克斯维尔时，曾提到当他将公司移交给下一任有能力的接班人时说过，他感到如果他在公司待的时间太久，公司就不可能一直保持进步。同时，柯林斯还引用了一名五级经理人所说过的话，"希望有一天我能站在自家的阳台上，看着世界上最卓越的公司说：'我曾在那儿工作过'。"

第五章
为了学校的成功而充满野心

为了学校而鼓起雄心壮志才是关键

成功的关键不是一个人能否展示他的雄心壮志，而是他的雄心壮志是为了自我实现还是为了另一个更伟大的目的。也因此，我们准备去发掘卓越的校长们，到底是为了什么而鼓起雄心壮志。而他们又是不是将学校的成功、学生成绩的提高看得比他们个人的职业提升更为重要？

在我们的采访中，我们向校长们都提出了这样一个问题，如果他们需要离开现在的学校，那么他们会对现在的学校有什么希望，而我们也正是通过校长们对这个问题的回答来分析他们的这项特质的。从回答的结果来看，卓越的校长比对照组的校长，对于学校的将来寄予了更多的期望。下面正是佩斯维尔校长和福克斯校长两位卓越的校长的回答：

佩斯维尔校长：我希望学校的教学质量可以一直得到提升，当然也希望员工们对教学的热情可以一直保持，甚至做得更好。到目前为止，我听到的都是好消息。这也是我一直在努力的。

福克斯校长：我希望大家能够牢记我们之间这种非常积极的关系，因为这也正是我们成功的源头。我非常努力地营造了这种积极的氛围，另外，我也相信，即使有一天我离开这里，大家也仍然能够保持这种积极的合作关系。

回想艾斯柏林校长在密仙小学的事迹，她为了学校的成功，燃起了熊熊的斗志,以及她坚强的职业意志,最后加上她充满竞争力的个性,这些因素共同造就了她的卓越。

【案例】艾斯柏林校长和密仙小学

密仙小学是一所由房地产开发商所承建的学校,学校很小,位于一条道路的尽头。这所学校一直享有"神秘的钻石"的头衔,究其原因,一部分源自于它的地理位置,另一部分则来自于作为杰出小学的良好声誉,在州内标准评估中,这所学校的学生成绩一直名列前茅(表5-1)。

表5-1 密仙小学:API 同类学校排名

1999	2000	2001	2002	2003	2004	2005
8	4	10	10	10	10	9

密仙小学在同类学校学术性能指标排名(API)中从2000年的第四级跳到了2001年的第十级(十级排序)。同样让人惊喜的是,它在后续的几年中,一直被评级为9或10,而在2005年之后的两年里,也就是当艾斯柏林校长被调到其他学校之后,它仍然保持了这样的学术成就。

这所学校和加州其他的学校一样,是一所典型的混合型学校。大概57%的学生是西班牙裔(在学校内呈增长趋势),26%是白人,7%是非裔,5%是太平洋岛民。30%的学生母语不是英语,其中大多数的

第五章
为了学校的成功而充满野心

学生母语为西班牙语。52%的学生享有减免餐费的资格。另外，密仙小学还是一所指定的实施特殊教育项目的实验小学。学生中，有些居住在学校附近，每天步行就可以到达学校，而另外一些则住在较远的公寓里，每天通过巴士往返学校。

这所学校在和家长建立积极良好的关系方面，拥有丰富的经验，事实上，学校周围的整个社区都参与到了学校的活动中。每天，你都可以看到有很多的家长和社区志愿者们来往于学校。而在学校活动开放日，一定是人山人海。

从表面上来看，这所学校对于孩子而言，是一个非常好的选择。然而实际上，学校中的员工对于现状已经开始有些自满，而主管学校的行政中心也发现了这一点。学校的学生成绩一直停滞不前。现任校长也已经在这里工作了很多年，在员工中受到广泛欢迎。于是，很快地，老校长被调离，新校长上任，而艾斯柏林校长就是这所学校的新校长。

当我们到达学校的时候，由于学校的校长正在和学校的一部分教师开组会，所以我们稍微等了几分钟。在这几分钟的时间里，透过办公室的墙壁，我们可以听到热烈的讨论，主要是一些校长的提问和回答，当然，这些是以一种绝对协商的方式来进行的。稍后我们了解到这次会议的主旨是推进下一步的数学认知引导式教学项目，这也正是目前学校内正在实施的教学项目。当会议结束的时候，一群精力十足、边走边讨论着这个话题的教师涌入了办公室。而在他

From Good Schools to
GREAT SCHOOLS

们后面的，正是艾斯柏林校长。她最后的一句话是这样的，"你们好好想想，下周在员工大会上每个人都要来谈谈自己的想法。"

基于我们对这些教师和校长的第一印象，我们迫切地想知道艾斯柏林校长到底做了些什么，才造就了从1999年到2003年的那些成绩，并且这些成就一直延续到现在。我们的采访是从艾斯柏林校长怎么成为这所学校的校长开始的。

艾斯柏林校长：那确实是一个很大的改变。以前的校长被调到了一所新的学校。我觉得我又再次成为了"斧头女士"。这个学区希望我能改变一些事情。

问题：您能谈谈学校的员工在过去的五年里是怎么参与到学校的工作中的吗？

艾斯柏林校长：当前任校长离开的时候，他带走了学校大部分的教师。那同样也意味着我可以带一些新的教师来填补那些职位。从某方面来说，它带来了一些问题，但是从另一方面来说，它也创造了很多机会。这些新教师中，有一部分是我从之前的学校挑选过来的，这也方便了我们将要做的工作。虽然这解决了部分问题，但还是有大量的员工工作要做，而且我可以预见新老员工的融合并不是一件容易的事。而且更重要的是，如果我们不能搞好新老员工的关系，想要提高学生的成绩也将是一件不可能的事情。不过，我并不是很在意这件事将会有多难办。我只知道，我要学校变得更好。

现在我们已经知道了艾斯柏林校长到底做了什么工作，而我们

第五章
为了学校的成功而充满野心

感兴趣的是艾斯柏林校长和她的员工在面对这项挑战的时候,将这件事做得到底有多成功。

问题:后来发生了什么?你们到底是怎么做的,学生的成绩怎么提高得这么快,在2001年的API中竟然排到了第十级?

艾斯柏林校长:学生成绩才是关键。教师们都以为学生做得比以前要好,同时也都觉得这是一所不错的学校。但是当他们看到API排名仅仅为4时,提升就变成了大家共同的目标。当然开始的时候,让所有的员工能够互相协作还是有些困难的。

艾斯柏林校长又继续分享了一些她在面对工会的时候所遇到的问题。

艾斯柏林校长:在我们这里,教师工会的影响力是很大的。要开员工会议是非常困难的事。实际上,有一次我甚至要在会议中对一位教师工会的老师说:"请你放下你手中的杂志。"这所学校以前并没有对教师有很多要求。前任的校长有他自己的处世哲学,在他看来"每个人都很棒;每个人都很优秀。"而在学校里,教师的态度就是"别来教我做什么。我知道我要做什么,也知道应该怎样做。"

随着采访的深入,我们开始听到我们想要听到的,有关她做了些什么来推动学校的进步。

问题:您提到过您曾经遇到过的一个挑战是如何联合所有员工。您能多谈一点有关这个方面的内容吗,您是怎么来完成这个艰巨的任务的?

From Good Schools to
GREAT SCHOOLS

艾斯柏林校长：在采访之前，你们看到的那个会议，就是我们目前正在做的。我知道我们可以提高成绩。我也很清楚如果我不能让所有人都参与进来，那么成绩就不会提高。我想，如果大家都能意识到，这些事对大家来说都是很重要的，那么大家就会自觉地联合起来。而在这里，每个人都有数学课，所以参与CGI项目对每个人都变得很重要，这也将大家都联系了起来。大家分享了共同的目标，所以每个人都参与了培训。

接下来，艾斯柏林校长热情地分享了学校的员工是如何围绕着这个共同的目标团结起来的。

艾斯柏林校长：其实这就是一个雪球效应。有两个老师对数学科目的改革很感兴趣，很快其他的老师也会对这个项目感兴趣，并愿意加入他们。最先开始的改变来自于教师们在休息室的谈话，教师们从开始的各种抱怨到兴奋地说："猜猜今天数学课上我干了什么！"有次正在跟进CGI项目时，我提出了这样一个概念，不管我们怎么教，教什么，它们都应该与我们将要进行的考试有关。这之后，我们的数学成绩开始有所提升，接着这种能量也转移到了阅读上。能够看到学校逐渐变得成功起来，实在是一件非常让人激动的事情。

教师们开始在技能上评估学生，并记下哪些技能学生没有学会。艾斯柏林校长和她的员工曾经为了学生的利益而学习如何在工作中开展合作。而这并不仅仅是为了提高分数。艾斯柏林校长在密仙小学担任校长的五年中，这里的员工相当稳定。员工也接受了相当长

第五章
为了学校的成功而充满野心

一段时间的培训。艾斯柏林校长没有将教师在各个年级进行轮换，而是允许他们在自己的年级里建立起有凝聚性的团队，让他们将精力集中在学生成绩的提高上。

艾斯柏林校长的激情，还有她对于建立一个成功学校的抱负，加上一些不易察觉的谦虚共同回答了我们对于她的领导类型的提问。

艾斯柏林校长：高中的时候，我担任过拉拉队的队长，所以，我敢说我是一个精力充沛的人。而在这所学校里，也就意味着，我要做很多的管理工作。我试着尽最大的努力去支持教师的工作。而且，我也从未忘记我也曾是一名教师。我在课程管理方面有比较丰富的经验，所以我知道一所学校看起来应该是什么样儿，而没有一个强有力的课程体系，这所学校又会变成什么样。每当我调到一所新的学校的时候，我在心里就已经准备好了去了解那里的人和事，当然，那个时候，他们还不知道。而为这所学校引入一些新的教师，确实对我后来的工作起到了帮助，因为，这些新的教师渴望能够建立一所卓越的学校。

从艾斯柏林校长的谈话中可以很清楚地看到，她的竞争意识常常引导了她的行为。在接下来的采访中，我们谈论了在她离开之后可能会发生的事。她从来没有说过，她是造成目前这些改变的原因。但是，她谈到了她曾经对学校的期望，以及他们是如何实现这些期望的。

艾斯柏林校长：当我们邻近的学校考得比我们好，或者在本地的数学竞赛中把我们打败了的时候,我们确实特别烦恼。但是它也促使我们想要更努力地工作。我希望密仙小学成为一所非常杰出的学校,而最终我们做到了。我的上司对我说过,"别走。就在那里享受一下成功的花环。"但是我不需要这些。能够告诉别人,我曾经也是其中的一员,这一点对我已经足够了。

作为众多成功校长中的一员,艾斯柏林校长的例子证实了她的信仰,校长对课堂以及其他方面的实地关注,对于提高教学和学生成绩而言,有着至关重要的作用。

问题:您做过哪些工作来确保教师们会一直关注学生表现?您又怎么知道教师会一直实施CGI项目呢?

艾斯柏林校长:我常常在课堂里观摩教师们的上课,并在课后给予他们相应的改进意见。我会为他们准备好所有需要的资源。另外,我还会去确认教师们的会议议程,确保他们是在以小组的方式开会。最后,我还会和他们确认每一个进度的目标。我和每一个学生讨论他们的考试成绩。当然,我还需要保证和大家一起庆祝学生成绩的巨大进步。

艾斯柏林校长也坦承,当她需要开展一些变革的时候,那些来自学区、州以及联邦问责法的压力也是一种刺激手段,这就同她利用社区力量,和新人来开展教学活动是一样的。

艾斯柏林校长:我将"强制测试"成绩作为一种实施变革的催化剂。州和它的测试项目则成了我的代言人。这所学校所在的社区

第五章
为了学校的成功而充满野心

需要成绩,而这些成绩也将被发布在报纸上。而我的许多员工都是新人,他们唯一知道的就是要提升他们的教学技能。

这次的采访以下面的问题和艾斯柏林校长真挚的回答作为结束。

问题:您觉得在提升学生的成绩方面,您还有没有其他想和我们分享的?

艾斯柏林校长:当我回过头去看的时候,我觉得,哇!我为成为这所学校的一部分而自豪。他们真的做到了。我还应不应该继续留在那里呢?我们每个人都在改变。可能我应该留在那里,又或者,现在是我该离开的时候了。我一直都认为,改变是一件好事。

在密仙小学工作五年之后,艾斯柏林校长接受了调任,她被派往学区内另外一所学校担任校长,她目前还在这所学校。她也想过没有她在那里激励他们,他们的态度会不会发生改变,会不会又变得自满。而她也会一直好奇,如果她在那里可以待得久一点,密仙小学会不会得到蓝丝带奖。

卓越校长对于学校的雄心壮志

卓越校长们在采访中都证实了,他们通过在员工中强调专业性和领导力来深化学校的成功。昂普休斯校长让所有的教师都参加领导小组培训,并让每一个教师都参与学校的决策制订。当他离开的时候,他希望这一点可以一直保持下去。

昂普休斯校长:不管我在不在那里,员工还会是原来的员工,而他们也还会继续像以前一样工作。

佩斯维尔校长有属于她的明星教师，这些明星教师是她亲自辅导、培养的，为的就是让他们能够在学校中担当起各种项目实施的领导工作。

佩斯维尔校长：我希望教师们教学的热情和质量能够一直延续下去，如果热情和质量能够得到提升那样更好。到目前为止，我已经听到了很多的好消息。

当邦德校长和福克斯校长被问及如果有一天他们需要离开，那么他们对学校的希望是什么的时候，他们在回答中展现了他们对于学校的雄心壮志以及他们的谦逊。

邦德校长：如果说你是一场比赛的裁判，比如说，篮球比赛，当你走下球场的时候，会出现一瞬间的安静，那个时候你就知道你是一个好的裁判。你不会期待有人因为你干了这样一件事而祝贺你。安静地离去就是我的退场，我清楚地知道我在这里做了些什么，而这些事让这所学校成为了一所更好的学校，这就够了。我只要知道，当我离开的时候，会有另外一名校长来接替我的工作，而这所学校将会平稳过渡，这些就够了。

福克斯校长：我希望学校可以一直保持前进的势头。他们已经有了很好的基础，我希望他们能够继续他们已经获得的成功，将这种成功一直延续下去。我为我自己曾经是他们的一部分而感到自豪。

第五章
为了学校的成功而充满野心

比较组校长的期望值较低

来自于茵珐珂秋校长和奥普利维休斯校长的回答反映了他们对于学校能够延续成功的希望。

茵珐珂秋校长：我觉得最让我自豪的是，学校里那些博学多才的教师，而且，这些教师将努力延续我们已经开始的优异成绩。

奥普利维休斯校长：最让我觉得自豪的事是，当我走进教室的时候看到有激动人心的事情正在发生；我看到孩子们在学校愉快地学习，知道家长们喜欢我们的学校，而我们的教师也很稳定，这些都让我感到自豪。我对这些以及我能成为其中的一部分而感到欣慰。

比较组的校长们上述的回复大多都来自于采访快要结束的时候，他们的表现更多的是一种事后的思索。他们的回复和我们之前所收集到的他们在职业意愿与不可动摇的决心方面的回复，有些微的不一致。例如，利琳魁斯校长是这样表达她对学校成功的期望的。

问题：您对您的学校最大的期望是什么？

利琳魁斯校长：我希望我能将约翰逊小学变成一所非常优秀的学校，学生都能在这里学到一些他们想要的东西，而不管我在不在这里，这些都能继续。

与她的回复形成对比的是，之前她在采访中提到她所遇到的困难，由于受到一个强大的教师工会的影响，她在进行改革的过程中遇到了极大的障碍。而当时她对这些问题的解决办法是置之不理，继续让小部分的教师掌握学校的决策权，而这些决策并不是完全为了学校的利益。

让我们再次回到本章开篇时，拿破仑说过的那句话"野心是成就伟人的动力……而所有这一切都由他们的主人来决定。"从我们的采访中，可以清楚地看到成功的校长们为了学校的成功所怀有的雄心壮志，不管是通过分享员工决策权还是优先实施项目，这些都只是再次肯定了校长们的努力。

第五章
为了学校的成功而充满野心

> **思 考**
>
> 假设你是一名非常成功的校长,而你即将被调往另一所学校。你会采取一些什么措施,来保证现在的学校继续保持卓越?

给校长的建议

为了学校锻炼你的雄心壮志

- 为了让学校即使在你离开之后也依然保持成功而奋斗
- 鼓励员工提升专业性和领导力
- 看重员工的发展
- 为你的接班人提供协助

给有竞争力的员工升职

- 为了学校提高竞争意识
- 选择愿意为了学校的成功而付出任何代价的员工

第六章
决心做必须做的，然后实施

世界上没有任何东西可以取代坚持不懈。才华也不能，世界上最不缺的就是拥有才华而一事无成的人。天才也不能，没有任何成就的天才就是一句格言。教育也不能，世界上到处都是受过教育而被社会抛弃的人。坚持不懈加上决心就是无所不能。"勇往直前"已经解决并将会一直解决人类的所有问题。

——卡尔文·柯立芝（美国第三十任总统）

From Good Schools to
GREAT SCHOOLS

如果老教师拒绝参与员工发展，你该怎么办？如果教师们在需要他们做出决策的会议上缺席，你又应该怎么办？如果我们相信那些我们读过的有关领导力的书，那么这一章的主题，以及我们在研究中的发现，对于大家而言，绝对不会陌生。卓越的领导者不仅清楚地知道自己需要做些什么，还都拥有持之以恒的决心。在柯林斯的研究中，卓越的领导者被定义为一群只要有他们想要的东西，就一定要得到的人。不可动摇的决心将职业意志引入一个更有力的层面，那就是通过更加坚定的决心，或者坚忍的意志，不惜一切成就一个伟大的公司。这些企业领袖拥有着不可动摇的决心，他们被柯林斯描述为"兢兢业业的人——他们是实干家，而不是观赏家……他们不可思议地被驱动，全身都充斥着对结果的追求。"

不可动摇的决心在学校的应用

我们发现，要想理解私企中的首席执行官们为什么会那么努力地去创造利润，是一件很简单的事，但是我们希望可以知道校长们

第六章
决心做必需做的，然后实施

是如何被驱动的。1996年有499名杰出的行政人员参与了一项研究，这项研究给了我们一点线索。这项研究表明，高效的学校管理者主要是通过以下三点来证明他们的职业意志的：决心、承诺以及对于必须要完成的工作的坚定的态度。说到坚定不移地完成工作这个话题，我们向校长们提出过许多与此有关的问题，这些问题关注的核心主要在于是什么因素导致了他们学校在提升学生成绩方面的成功，以及作为校长，他们在其中又扮演了怎样的角色。在所有的回答中，我们发现校长们坚定不移的决心，成为了他们与员工交流和面对困难挑战时必胜的准则。那么，首先就让我们来看看佩斯维尔校长是如何表现她坚定不移的决心的。

【案例】佩斯维尔校长和芒特小学

芒特小学最先开始获得卓越学校的荣誉，是因为它在1999至2003年间，在加州学术性能指标（API）中的出色表现。从那个时候起，这所学校就一直保持了这种卓越的成就，同时它在学校的相关排名和同类学校排名中都获得了非常好的成绩（见表6-1）。这所学校主要提供从幼儿园到小学五年级的课程服务，大概有450名学生在这里就读，其中48%的学生是白人，25%的学生是西班牙裔，6%的学生是非裔，还有21%的学生来自其他种族。在学生中有15%的学生将英语作为第二语言学习，28%的学生可以享受午餐费减免服务。和这个区域里其他的学校一样，芒特小学的入学率近年来逐渐走低。这个区域内大多数的家庭都是中低收入或中等收入者，还有许多的孩子来自于贫困家庭，他们流动居住在公园或旅馆里。学生的流动性相当地高，特别是那些居住在旅馆里的学生。不过虽然学生的数量一直都在改变，但是教师的数量却相当地稳定。管理层认为对于这些有经验的老教师们，需要重新点燃他们对于教学的热情。老教师们却认为学生的成绩还不错，特别是那些对这样一个多种族的学生群体不抱期望的教师。他们对于芒特小学中的一切都相当地满意。那么为什么要尝试着去修补一个并没有真正破碎的学校呢？

表6-1　芒特小学：API 相关指数排名以及同类学校排名

	1999	2000	2001	2002	2003	2004	2005
相关指数排名	8	8	8	9	8	9	8
同类学校排名	8	10	9	9	10	10	10

我们拜访芒特小学的那天，抵达的时候已经有点晚了。夜幕已经降临，我们觉得大多数的员工可能都已经下班。但当我们推开办公室的门的时候，出现的是我们从未想过的情景。学校的秘书正在忙着打电话，家长正在和学生谈话，一名教师正在往公告板上张贴她班上学生表演的海报，而被装饰得熠熠生辉的通告板恰好在办公室的旁边。我们还没有见到佩斯维尔校长，就先听到了她的声音。由于那个时候她正站在走廊的拐角处，我们只是听到她对同行的教师说道，"如果她不同意你的意见，你就告诉我，我来和她谈。每个

第六章
决心做必需做的，然后实施

人都必须参与到这项工作中来。"我们非常好奇这段话到底是与什么有关的，并准备在后面的采访中就此进行提问。

佩斯维尔校长很早就凭着鼓动家和说客的头衔而在教育圈内被大家所熟知，而这甚至是在她成为一名校长之前。在她从事教育生涯的头十年，她是一名小学教师，而后她成为一名技术资源教师。学区的监管人对她在学区内的工作有非常深刻的印象，认为她正是可以带领这所学校从优秀走向卓越的最恰当人选。不久之后，她就被任命为芒特小学的校长，同时她也认识到这将是一场艰辛的战斗。从其他的角度来说，这将成为她实现自我的战场。

我们采访佩斯维尔校长的第一个问题是她的员工是如何参与到学校的工作中的。而她表现得从一开始就很明确，不管这个学校以前有过什么问题，她都将坚定不移地坚持做那些必须要做的事，而她最终也做到了，没有一分的退让。

佩斯维尔校长：在我之前的前任校长们都是一直待到了退休。所以当我接手这所学校的时候，我是直接受到监管人的委任，要求我让这所学校重新充满活力。这里的教师们都非常地我行我素。他们不仅缺乏激情，还相当地陈腐。

佩斯维尔校长在来到芒特小学之前，曾经在学区里长期从事教师培训工作，但是当她来到这里之后，却惊讶地发现，这里的教师她一个也不认识。她不认识这所学校里的任何一名教师，因为这些教师从来都不参加学区里的培训。好吧，这是一群有经验的老教师。

From Good Schools to
GREAT SCHOOLS

他们不去参加员工培训，因为他们认为他们不需要培训。他们觉得他们学校的成绩也还不错。佩斯维尔校长决定扭转教师们的这种态度。不仅如此，她也认识到她必须要有耐心。她觉得在试图改变这种文化之前，首先必须成为这所学校文化的一部分。

问题：您是怎么扭转这一切的？

佩斯维尔校长：直率地说，有些教师需要找新的工作。虽然这样说，但是这毕竟是我在这里的第一年，并且还是我做校长的第一年——所以我只是做了很小的改变，首先是建立亲密关系，获得他们的信任，并且表现出支持他们工作的样子。我常常会说，"你们是发明切片面包以来最棒的！"我真的很擅长说好听的。[①]

同时，我也在逐渐了解与每一个教师有关的事，他们的课堂项目以及校内的项目。到第一年年中的时候，我已经知道一些项目真的很需要做一些改变，而这些改变需要一些同样也认识到这一点，并愿意接受改变的教师来参与。虽然是这样，有些愿意尝试改变的教师还是变得非常地紧张。

采访佩斯维尔校长的下一个问题是，当她在观摩教师课堂的时候，她会注意观察些什么。而她也表达了她的一些忧虑，学区要求全面执行的指导阅读项目，没有一个课堂在执行。[①]

[①] 在很多卓越校长的回答中都会发现，闲谈、奉承都是作为一种说服力的方式存在的。"闲谈"意为"以一种友好的，特别是充满说服力的方式去获得对方的喜爱，达成某项工作，或者建立某些联系。"

第六章
决心做必需做的，然后实施

佩斯维尔校长：我主要担心的是当时学区里要求教师每周有五天都教授指导阅读。但是这里的教师根本就没有这样做，对我而言，这就是一个很大的问题，另外一个原因也就是学生的阅读成绩并没有继续提高。

问题：那您当时是怎么处理的呢？

佩斯维尔校长：低年级的教师都已经做好了接受改变的准备，并且也看到了一周五天实施指导阅读将会带来的积极效应。我开始和他们一起工作，给予他们很多的支持。这些教师中有些人开始真正地发挥他们的实力，最后成为了明星教师。他们真的对提高学生的成绩充满热情，但是对学生的期望还没有完全激励他们。

随着采访的进行，佩斯维尔校长的回答也让我们确定了她的决心是值得被关注的。

问题：当您在和低年级组的教师一起工作的时候，高年级组的老师们有什么样的表现呢？

佩斯维尔校长：有些高年级组的教师非常地顽固并且明确地表示，他们不会那么轻易地去接受改变。于是，我叫了两个特别顽固的教师到我的办公室里，然后很温和地帮助他们准备下个学期即将开始的每日指导性阅读。我向他们展示了一些数据。他们学生的考

---

① 芳特斯和平内尔将指导阅读定义为"教师支持学生使用有效阅读策略来提升对有一定难度的阅读材料的阅读能力。教师和一群以小组为单位的学生进行该项活动，这个小组的学生使用相似的阅读方式，并在帮助下具有相似的阅读能力。"

From Good Schools to
GREAT SCHOOLS

试成绩非常地不稳定。实际上我并不需要说太多。我并不想敷衍他们。对于教师而言，数据就说明了一切。

在得到合适的教员来取代懈怠的教师方面，这位校长也很好地利用了她坚持不懈的精神。

佩斯维尔校长：如果我发现一名教师正在冒险而且有了这种想法，那么我会得到学区里100%的支持，当学区在审核这名教师的申请的时候，我可以直接去查看并且调来我所看中的教师。

问题：那么，如果有教师想要调入您的学校呢？

佩斯维尔校长：即使有三个教师竞争我们学校的一个岗位，我也会根据谁更适合我们的学校来做出最后的决定，我有这样的权利。我只做我觉得必须做，并能确保一定会发生的事。

佩斯维尔校长从没有放弃过学生能够提高成绩的信仰。她也从来没有偏离过这个中心，并且一直确保她的教师们也不会偏离这个中心。她曾使用过这样的策略，她和每个教师都建立积极友好的关系，并在教师中鼓励他们采取集体行动。她通过坚持不懈地锻炼自己的教学技能和给予教师所需要的教学资源支持，来建立彼此信任的关系。而她所做的这一切都来自于她的潜意识。她希望能够抓住核心的教师，并让他们支持她要求他们做的事。她也很清楚如果她做不到的事，也永远不用指望别人可以去做到。

佩斯维尔校长：既然学校的教师都不去参加学区里的培训，那么只好我代替他们去参加培训，然后回来亲自培训他们。我还用休

第六章
决心做必需做的，然后实施

息时间来辅导他们浏览数据以及职业发展。

佩斯维尔校长在每天教授指导阅读策略方面非常坚定，认为没有任何的东西可以阻碍它。她用她对待保守派教师的例子向我们展示了她的决心。

佩斯维尔校长：记得前面我提到过，我要求所有的高年级教师在新的学年里每天都教授指导阅读。有几个教师说，这是个好建议但是需要大量的时间来准备。那么我就为他们准备了大量的阅读材料，那样他们就没有了借口。在这一点上我是不讲情面的。如果一个教师说"这个项目对我不管用"，我会说"能让我来教一会儿吗？"我是一个很固执的人。我就是要让他们做到。就算是现在，我也还是这样。

柯林斯谈到过将科学技术作为一项加速器，也是卓越的领导者的贡献之一。我们发现卓越的校长和他们的员工在对待与科技有关的决策上，和他们对待任何有关学校的项目和活动的决策一样。如果它不符合他们学生成绩的刺猬理念，他们就不会去做。佩斯维尔校长经常说她和她的员工从没有偏离过提高学生成绩这样的核心。她在确定将没有任何事情能够影响他们的核心方面，是一名狂热分子。

问题：您谈论了很多有关不能偏离核心的内容。您能否给我们举个例子，学校所制定的决策或采取的行为，或者没有采取的行动，来证明这一点呢？

佩斯维尔校长：员工中曾经有人提出过这样的建议，用经费（加州政府为了提高学生的成绩而预拨了一些经费）为计算机实验室购买一些语言浓缩软件。员工们没有支持这项提议，因为有关这款特殊软件的研究并不能让我们确信，使用它就可以提高学生的阅读成绩。而与之相对的，我们为每一个教师都配备了笔记本电脑。另外，我还使用一定的经费确认教师们接受了笔记本电脑的使用培训，这也是为了保证教师们能使用电脑做好教学记录和教学指导。不久我发现，教师们用这些电脑为他们的阅读指导增加了许多亮点。

佩斯维尔校长所做的每一件事，都是为了学校而经过深思熟虑的。在制定决策和为了提高学生的成绩而采取行动方面，她是毫不留情的。即便如此，正如佩斯维尔校长所说，在芒特小学，没有任何一件促进学生成绩提升的决策或行动，是由她个人又或者是员工单方面决定的。

佩斯维尔校长：这些改变当然不是一夜之间发生的，但是到第二学年的时候，这些事情又有了新的变化。我们都开始认识到，越是关注课程，教师就越会用到激励型的教学策略，而这也正是造成学生成绩之间差异的原因。我们还只是在蹒跚学步的阶段。我能感到，我给他们的压力太大了。最好，我可以退一步。在连续几年关注提高阅读成绩之后，事情突然有了转变。从某种角度来说，它实在是太神奇了。

柯林斯在他的研究中发现，有些人在他们的人生中有过非常特殊的经历，而很有可能正是这种经历塑造了他们的领导方式及个性。而在研究中的其他经理人，虽然没有这些特殊经历，最终却也成为了非常成功的首席执行官。同样地，我们也希望知道，卓越的校长

第六章
决心做必需做的，然后实施

是否也经历过有一些特殊的事件，而正是这些生活经历塑造了他们的领导类型。在采访的过程中，我们使用了柯林斯以及他的研究团队在访问那些首席执行官时所使用的相似的问题。而佩斯维尔校长的回答则证实了她曾经有过的一段经历，事实上，这段发生在过去的经历现在正反映在她不可动摇的决心上。

佩斯维尔校长：我算是一个幸存者。我们以前的生活非常地贫困。我是一个单亲母亲，而我的儿子有非常严重的糖尿病。我和我的家人在很多问题上都有争执，这锻炼了我的性格，并使我的个性变得非常强势。

就算是在我们向她询问她的领导类型时，她也不自觉地流露出不可动摇的决心。

问题：您认为您是什么领导类型？

佩斯维尔校长：就我自己而言，我愿意称之为"协商"型。我很少会在没有员工参与的情况下做出任何的决定，虽然我一人做决定的话会节省很多的时间。我很清楚这一点。

在保证学生的成绩不断提高方面，佩斯维尔校长是不讲任何情面的。

佩斯维尔校长：我会一直待在课堂里。我甚至希望可以成为课堂设施的一部分。如果我在课堂上没有看到我们大家一致同意实施的课程项目，我会直接向教师询问。如果教师拒绝教授小组同意的课程内容，当然这是很少见的，我会毫不犹豫地将她交给学区雇员纪律委员会进行处理。从另一方面来说，对于教师而言，我希望我本身可以成为教师们的一种资源。我会帮助他们准备他们的课程，如果有必要，我甚至会帮他们上课。

不需要进一步的提问，我想我们就已经知道在我们正式开始采访之前，我们听到佩斯维尔校长在走廊拐角处的谈话是怎么一回事了。

佩斯维尔校长现在已经被调往学区内的另一所学校开展工作了。她相信芒特小学的教学质量将会不断继续地提升，因为那里的员工，拥有着对提高学生成绩100%的关注。她相信那些明星教师能够承担起模范带头的作用，她对这一点非常有信心。在芒特小学的整个任期内，佩斯维尔校长完全知道必须要做些什么，并凭着坚定不移的决心完成了它。而这正是卓越校长们所做的。

比较组的校长缺乏坚定不移的决心

比较组的校长也全都分享了他们在促进学校前进方面的决定和积极效应。康斯皮瑞希校长最接近完成她所设定的目标的时候，是在她坚持让教师们在课堂上使用直接教学法，作为基本教学策略的时候。她为每位教师都提供了员工培训，并为他们提供了在课堂上观摩这一项目实施的机会。当有教师拒绝实施这一项目的时候，她在常规员工会议上带着学生，向这些教师展示了这种教学。但遗憾的是，同其他比较组的校长一样，康斯皮瑞希校长最终也向教师工会表示了屈服。

康斯皮瑞希校长：我们同教师工会打了两年的交道，这两年就

第六章
决心做必需做的，然后实施

像地狱一样。我尝试了所有我能想到的办法。现在又能怎么样呢？

利琳魁斯校长希望在雨天的时候教师可以让学生进入教室避雨的决定，最后也由于同教师的合同冲突问题而胎死腹中。

利琳魁斯校长：工会让我的工作变得非常地困难，因为他们觉得学校是通过合同进行管理的。教师们在这里没有任何的责任，而这都要"感谢"监管员"将权利交给了工会"。如果教师们不和学生待在一起，下雨的时候，我们又怎么能照顾到所有人呢？

当我们问到奥普利维休斯校长的学校是如何取得家长对决策的认可和同意的时候，她谈到了家长在学校活动中的缺失。她似乎已经不再指望家长在提高学生成绩方面所能起到的功效。

奥普利维休斯：家长们并没有像我一样长时间地参与这些过程，也并不像我一样地了解情况。他们对于学校的现状非常满意。他们的期望就是，学校知道在做些什么。而且，他们觉得他们并不适合告诉我们应该如何来管理学校。我知道我应该多做一些事，让家长更多地参与到学校的建设中。到目前为止，我的努力都白费了。

正如我们在本章的开篇引用的，卡尔文·柯立芝说过"'勇往直前'已经解决并将一直解决人类的所有问题"。对于大多数比较组的校长而言，渴望有所改变的决心，常常被沮丧以及看起来无穷无尽的人事问题所阻挠。而与此相对的，卓越的校长们在完成预定的任务以及对学校的规划方面，无论前面有多少困难，都表现出了无所畏惧的决心和坚定的意志。

From Good Schools to
GREAT SCHOOLS

> **思考**
>
> 回想一下，在你人生中是否曾下决心去做的一件事。而为了这不动摇的决心，有什么是你觉得必须具备的？

> **给校长的建议**
>
> **表现不可动摇的决心**
>
> • 在朝着学校成功的道路上，对工作表现得坚决和铁腕，富有野心。
>
> • 持之以恒地通过委员会、课堂观摩、年级会议以及部门会议参与学校的基本运作。
>
> **同员工交流你的决心**
>
> • 具有说服力。
>
> • 同员工一直传达这样的信念：事情一定也能够最终完成。
>
> • 清楚地传达目标：一个清晰的目标应该是在任何时候都可以被看见的。
>
> • 不接受借口。

7

第七章

任人为用

大多数人都会想要和你一起乘坐豪车,但是你所想要的只是没有豪车时,能够和你一同坐巴士的人。

——奥普拉·温弗瑞(主持人)

From Good Schools to
GREAT SCHOOLS

　　柯林斯发现第五级经理人总是能在一开始就雇佣到合适的人，并除不合适的人，并将合适的人安排在正确的岗位上，因为这些人清楚地知道公司的方向是什么。柯林斯所研究的这些大型企业的首席执行官们不需要获得任何人的允许，就可以将那些不适合目前岗位的人开除、降职或者转岗。而他们也确实是做到了这些。以这种方式，他们可以在一个围绕着刺猬理念所建立的系统中采取规范化的行为。由于这些领导任用了正确的员工，开除了不合适的员工，因而他们不需要再花费更多的时间去激励或说服他们的团队前进。"有一句格言说'员工就是你最重要的财富'，这句话并不是正确的。员工并不是你最重要的财富。正确的人员才是"。

　　从优秀到卓越的公司，通过明确的规定，建立了一个稳定的体系，但是他们同样也赋予了在这个系统框架内工作的人员一定的自主权。他们雇佣训练有素、不需要你一直监督的员工，然后，他们只需要来管理这个系统，而不需要再来管理人员。

　　萨乔万尼将正确的人员定义为：拥有专业化的、可以代替领导

第七章
任人为用

者的素质的人。"专业的人员并不需要人们不断地去巡视，给他们增加压力，去引导他们。他们是通过内在驱动的人。"

路易斯和迈尔斯，在对城区五所参与了重大改进项目的高中的研究中发现，首先任用正确的人，然后再采取相应的措施才是最聪明的处理方式。他们观察到"越是成功的学校，越是没有声明的目标。相反地，各种与主旨相关的改进成果都是在真正采取措施之后才开始出现的。"麦克斯·德·普雷，赫曼·米勒的前主席，当他提到"使用正确的人员"的时候，证实了人员的重要性。他说"公司里最好的员工为公司工作的时候，就像是自愿者一样。因为他们可以在众多的公司中，轻易地就找到非常好的工作，所以他们寻找工作的理由不是薪水或者职位那么现实"，而是更多地考虑"理念、承诺、价值观、目标，以及管理流程这些东西。"

学校管理者在获得正确的人员方面的困难

商界和教育界之间一个很大的区别在于，校长常常不能随意聘用自己看中的教员，也不能随意开除教员。尤其是当开除的理由是，不能分享共同的理念或其他一些主观因素的时候。（校长和企业领导人在自治权方面的区别，我们将在第十一章里做更详细的介绍。）只有很少的校长可以随意调用人员，这种情况，一般都是校长被调入一个新的学校，而急需解决这个学校所存在的问题，改变它的现状，又或者这是一所特殊学校，或者特许经营的学校。一般传统学校的

From Good Schools to
GREAT SCHOOLS

校长是没有这种人事自主权的。当我们提出，如何在学校实现"任用合适的人员，调离不合适的人员"这条准则的时候，柯林斯回答，这条准则同样适用学校，但是由于教育界在雇佣教师终身制等方面的问题，校长们会遇到更多的困难，同样也会需要更多的努力来完成。是的，你可能必须长期都和一个错误的同事一起工作。在教育领导力方面的研究者们曾经争论过，拥有人事任免权和学校发展实践是建立有效教育社区的重要影响因素，要想建立强大的学校，学校的管理层就要拥有行政自主权。在对芝加哥一所学校的研究中，一个领导者被认为卓越的原因，是他协助了那些与他持有不同观念的教师，并提高了学生的成绩。正如我们那些成功的校长所做的，他为学校的教学流程建立了相关的教师领导管理体系。

获得正确人员的案例

柯林斯分享了一个高中物理教师的例子，这名教师叫作罗杰·布里格斯，来自于科罗拉多的波尔德市。布里格斯希望通过改变招聘流程，雇佣一些优秀的科学教师来提高整个科学部的教学。他认为，能够胜任并不是录用一名教师的理由。刚刚开始实行这项决定的时候，他告诉新进的教师，他们大多数人都不会得到永久的职位，除非他们能够证明他们自己是非常杰出的教师。在那之后，当最后一个"仅仅是胜任"的试用期的教师开始竞争这个永久的职位时，他会反对永久性地雇佣这名教师，并坚持这种意见，而这名教师也会

第七章
任人为用

认识到，他不会再被续聘。而且，这名教师也没有申述的理由。这样，就出现了一个空缺，一名新的、杰出的教师就可以被引进。"科学部开始得到了改变——一次又一次的招聘，以及一次又一次在永久职位上的决议——直到开始形成一种新的自律的文化。"这就是一名既不是校长，也不是监管员，更不是州长的管理者，最终聘用到自己需要的人的例子。

如果一名科学教师可以做到这一点，即便有很多的限制，那么一位校长也一定能够做到。根据我们的观察，虽然校长可以将教师分配到不同的年级层，但是除了遵照学区规定的流程，他们通常没有雇佣以及解聘教师的权利。我们所采访过的校长们，介绍了很多雇佣的流程：

1. 以一个学区为单位，将所有满足这个学区所列的高要求的申请人集合在一起进行考察。如果这些申请人满足了这些高要求，那么当然也就满足了学区里任何一所学校的要求。在这种情况下，这个学区可以将申请人分配到不同的学校里，或者这些校长也可以从这群申请人中进行挑选。

2. 校长们对申请人进行联合面试，然后互相讨论争取他们想要的教师。这是一个学区对本区里卓越的校长所提供的一种招聘方式。

3. 一旦一个学区的招聘以第一种形式进行，那么合格的申请人就拥有了最终选择权，这也就要求校长们需要向申请人大力地推介自己的学校。没有任何一个学区的卓越校长会使用这种招聘流程。

一般都是两个学区内竞争性比较强的学校才使用这种方式进行招聘。

4.招聘的完成一般是不需要其他教师参与的，除非是有教师自愿或非自愿地从其他学校转来。

卓越校长们"先人后事"

校长们"获得正确的人员"的能力在我们同这些校长的采访中获得了证实，虽然他们每个人的方法不尽相同，但是和罗杰·布里格斯的情况却很相似。这些成功的校长在获得他们想要的人员方面展示出了非同一般的坚持，同时也在调走那些不能适应他们项目的教师方面，显示出了过人的才能。

福克斯校长

在我们的研究中，所有的校长中只有一位校长是来自一所只有一名员工的学校。福克斯校长就是这名校长，当他开始接收这所学校的时候，基本上所有的员工都是他亲自挑选的，他也就拥有了一个绝好的机会"得到正确的人"。他充分地理解了奥普拉·温弗瑞说过的那句话的重要性"你所想要的只是没有豪车时，能够和你一同坐巴士的人。"

问题：请问您作为一名校长，当您需要做一些非做不可的决定时，您是如何来把握这个尺度的呢？

福克斯校长：学区的监管人和我关系还不错。当我觉得有些事

第七章
任人为用

非做不可的时候，我发现其实我的自主权还是很大的。我从来都不觉得受到过限制，只要我不犯法，或者惹恼家长。

我们向福克斯校长问到，他在学校里做一些重要的决策时都用了哪些流程。他给我们介绍了一种可以称之为社团式的流程。同样，从他描述他所做过的那些决定、充满自信的言谈里，我们也读到了这样的讯息，他从建校的伊始就已经得到了那些他认为正确的人。

福克斯校长：教师们总是和我一起来做决策。如果我不在，他们所做的决策毫无疑问也会和我自己所做的决策一样。

问题：在您知道结果之前，您凭什么这么相信他们所作的决策呢？

福克斯校长：很显然我拥有一群非常出色的员工。我对于我们从开始就在一起做决定感到非常地满意。

福克斯校长用挑选员工方面的流程，精确地描述了他在获得教师方面的能力。

福克斯校长：每当一所新的学校即将开放的时候，就会有消息发布出来，而在同一学区内希望可以调入这所学校的教师就会开始申请调令。而我则会和每一个申请者谈话，我同他们分享我的教育哲学，这所学校拥有的不同民族的学生，以及将会遇到的各种挑战。最终，我所挑选的这些教师都展示出了他们对于建立一所新学校，还有我介绍过的那些学生的工作兴趣。他们也都分享了我的理念。

问题：那么您所挑选的这些教师，最后他们的工作情况怎么样呢？

From Good Schools to
GREAT SCHOOLS

福克斯校长：实在是太棒了！他们非常容易相处，因为他们都很专业，非常优秀，他们分享了我的理念，并且实施了所有我们认为有必要做的工作。教师都非常热爱那里的工作，并且都愿意留在那里。我所失去的唯一教师，是因为搬迁而离开的。当然，还有两名我雇的教师差点成为危险人物，当然我对他们下了一些功夫，使他们的情况得到了改善。

艾斯柏林校长

艾斯柏林校长在一开始上任的时候，也获得了聘用多数员工的机会。而她也有能力在一开始就得到那些她希望得到的人。当学校里大多数的教师都跟随前任校长调往新学校的时候，她聘用了很多教师来顶替这些人员的位置。相对来说，由于这些员工中有很多都还是新手，而且还有很多来自于她从前任职的学校，因而，他们对她的工作方式都比较了解，也因此，她也就更容易，更迅速地在学校做出改变。

问题：在您最初挑选完教师之后，作为校长您在聘用和解雇教师方面，有多大的自主权呢？

艾斯柏林校长：员工方面的事情总是会有一些限制，因为只有通过学区里的流程才能完成聘用或者解聘，而不仅仅只是我想雇佣谁就雇佣谁。但是好消息就是，我们很少需要新的教师。一旦他们到了这里，他们就待了下来。

第七章
任人为用

对于大多数卓越校长而言，一旦把人员的事情定了下来，那么他们的教师就会很稳定，很少有教师会离开。而当这些校长真的需要聘用教师的时候，他们在如何得到自己想要的员工方面都非常地霸气，非常善于灵活巧妙地处理，同时他们也具有相当的说服力。当同一学区内的多名校长都看中同一个申请人的时候，这些校长都表现得非常有毅力和说服力，而这也正是他们成功的共同点。而同样，这些卓越的校长们，在试图调走那些不想开展工作或者完成学校任务，以及在暗中破坏其他教师工作的人员的时候，只要是在合法的范围内，他们也能表现出坚持不懈以及游说的才能。佩斯维尔校长在调走那些与她理念相左的教师方面，所展现出的坚定不移和熟练，可以作为另一个例子，来证实这些卓越校长们为了获得正确人员的不遗余力。

比较组校长在用人方面的困难

研究中所有的校长都承认了，在聘用教师时拥有自主权的重要性，他们也都谈到了在同人事部门打交道过程中所遇到的各种限制。比较组的校长们在分享他们学区内的人事流程时，出现的情况大多都不一样。茵珐珂秋校长表达了她在这个领域里的沮丧之情。

茵珐珂秋校长：我觉得最困难的事情，并不是聘到你想要的人，或是留住你想要留的人。虽然我是工会的支持者，但是有的时候，工会的合同确实很影响我们的工作。资历比较久的教师常常占据了新教师的岗位。我同工会协商过很多次。关于人事问题的讨论常常会占据我好几个小时。聘用教师是一件事，而解聘或者调离一名教师则是另一件事。我并不想要那些和孩子相处不好的教师，但是很多时候想要摆脱他们就是很难。每一件我希望可以用来保证我们教师都是好教师的事情，都会被工会拖后腿。

问题：您对您的学校最大的期望是什么？

茵珐珂秋校长：我希望我们的学生都能得到关心他们，并且有知识，愿意了解他们，和他们一起工作的教师。然而不是所有的教师都是这样的。我甚至没有一名明星教师。而孩子们每年都需要在他们的学校里有一名明星教师。

比较组的校长们也分享了他们在处理教师问题时的挫败感，造成这种状况的原因，部分是来自于雇用和解聘人员方面的权威机构，例如，学区和工会合同。

问题：在过去的几年里，有什么事情是您尝试过，但是没什么效果的？

贺普利斯校长：我曾经尝试着和一个领导小组一起工作。现在，我仍然觉得和那个小组一起工作是一项挑战。我很好奇，除了那些天生的领袖，他们是怎么培养教师领袖的？我这里有这样一群特立独行的人，他们非常地我行我素，并且也不愿意和其他教师一起工作，对任何事都是只顾自己。我到底应该怎么做，建立什么样的小组来支持其他教师的工作呢？我到底还能做些什么才能摆脱掉那些给学

第七章
任人为用

校拖后腿的人，带着学校前进？我到现在都还没想好应该怎么来处理这个问题。

比较组有两所学校的校长，因为教师的频繁调动而格外烦恼。康斯皮瑞希校长和贺普利斯校长都反映，他们的教师在获得聘用后，利用学区政策调往了其他学校，而教师们申请调去的这些学校，都是学生家境普遍比较富裕，而学生学习障碍较少的学校。但是这种行为的后果就是，他们的学校现在只剩下新教师和不受管理的教师。

康斯皮瑞希校长毫不避讳地说出了她对于学区向准教师推介学校，以及获得好师资的流程方面的看法。

康斯皮瑞希校长：有时候，我们的岗位并没有招到合适的教师。在这个学区里，只要有一个申请人同时被一个以上的学校看上，校方就必须向申请人"推介"自己的学校，就像车行里卖车一样。而我的工作不是兜售学校，所以我们学校没有非常优秀的教师。

比较组的校长并没有向我们展示他们愿意付出更多的努力，或者像那些卓越校长们一样，依靠不断的说服或者坚持不懈的努力来得到他们想要的人。

所有的校长都很了解，拥有高效的教师员工的重要性。而卓越校长和比较组校长之间的差异就在于，他们在处理人事流程上方法的区别。坚定不移的决心和强烈的职业意志，是卓越校长们在雇用新人时最大的优势。而比较组的校长们，则似乎成为了无法有效管理员工的典型例子。

> **思 考**
>
> 基于目前您所在区域里人员聘用的各种制约，您有什么办法来确保得到您想要的教员，并调离不需要的教员？在您决定一些需要被完成的事情之前，为什么获得正确的人员如此重要？

给校长的建议

雇用正确的人员

- 尽最大的可能，保证学校拥有录用及解聘人员的权限。

- 和学区的录用程序发生冲突的时候，对你所选择的教师要表现出坚持和果断。

- 从一开始就对潜在的员工表明你的期望，直到培养出合适的员工。

- 多和学区的人事处以及其他的校长打交道，尽量地完善聘用流程。

和正确的人一起工作

- 说服学校项目中工作不太好的员工自愿请调。

- 和那些有意愿提升自己，并有能力提升的人一起工作。

第八章
直面残酷的现实

第八章

直面残酷的现实

一名真正的领袖会聆听各种音乐，
即使他根本就不喜欢。

—— 无名氏

From Good Schools to
GREAT SCHOOLS

现在我们来看一下柯林斯是如何来解释"直面残酷的现实"这段话的。他在对成功的首席执行官们的研究中发现，所有将公司从优秀带入卓越的第五级经理人都有一个坚定的信念，那就是不管会遇到什么样的困难，他们的公司都能够并将会最终取得成功。关于这个二元性的事实，最好的解释是吉姆·斯托克代尔上将的故事。在越战期间，吉姆·斯托克代尔上将曾经是越南罗亚（意为"火热的熔炉"）监狱里的一名囚徒。吉姆·柯林斯向斯托克代尔询问他是怎么经受住种种折磨活下来的时候，他是这样回答的：

在整个被关押期间，我从来就没有失去过活下去的信念。我从来就没有怀疑过我能否从那里出去，也相信最终我会获得胜利并将这种经历作为我人生中最值得炫耀的部分，现在回想起来，即使有人愿意和我交换这种经历，我也不愿意。

柯林斯同时也向他问过，哪些人没有在这场监狱的战役中活下来。他回答道：

盲目的乐观主义者。噢，他们就是这样的人，总是说"到圣诞

第八章
直面残酷的现实

节我们就可以出去了"。然后,圣诞节来了,我们还是在这里。他们又说"到复活节的时候,我们就可以出去了"。然后,复活节也来了,我们还是在这儿。接着,感恩节也来了,我们仍然在这儿,最后又是一个圣诞节。他们最终都是死于绝望。

学校面临的挑战

我们应该如何面对学校里的各种挑战?一些在中小学以及幼儿园工作的人可能会说,作为校长们的基本工作,他们现在应该已经有了应对各种问题的方案。柯林斯有两个重要的观点,一个是在已知的情况下提供一种对未来的规划来营造一种气氛,另一个是直面残酷的现实——"即使你一点也不喜欢"。我们对此也深感认同。如果一个校长不能面对残酷的现实,那么,他又怎么能够制订出有效的策略呢?

目前,我们的学校面临着各种各样的挑战。有些是我们在报纸或新闻中常常会看到的,例如:职责性,有教无类法案,多样化学生群体中的差异性,语言障碍,工会和合同纠纷,学生的教管问题,成绩波动问题,还有高素质教师匮乏等等。而学校的教师和校长不管到哪儿,都可以听到人们对那些缺乏家长管教以及不能完成功课的学生的同情。

虽然情况不容乐观,但还是充满了希望的。麦克·施莫克,在他的作品《现代结论》中建议管理者和教师们一同来面对目前的现状。

施莫克鼓励他的读者们将残酷的现实看作是"在不考虑学生的社会以及经济现状的情况下，展现学校成就，迅速减小成绩差异化，提升所有孩子的'生存机会'。"

当然我们还有一些好消息，一些学校的校长和教师们，开始联合起来以小组合作的方式来面对这些挑战并开展工作。正如我们在采访中所看到的，这些残酷的现实也常常被比较组的校长所忽略，因为首先要承认这些事实就不是一件容易的事，更不用说还要克服它们了。保罗·休斯顿，是美国学校行政人员管理委员会的常务董事，在谈到优质教师的匮乏问题时说，"我们必须通过直面现有的问题，来解决掉这些束缚我们的淤泥和沙子。"

校长们面临过的残酷现实

在第一章里，我们听到了一个学校的管理者如何在接踵而至的困难面前获得成功的故事。这足以说明我们的校长们也一直在和这些问题不停地角逐。虽然需要讨论的问题还有很多，但是在校长们的采访中，有四个主要问题成为了大家关注的核心：(1)我行我素，缺乏团队精神的教师，(2)非常糟糕的学生成绩，(3)老套的课堂教学，(4)难以管理的员工。校长们处理这些问题的表现各不相同。但是，问题存在的意义并不在于如何界定它们，而是在于如何克服它们。

第八章
直面残酷的现实

卓越校长敢于直面残酷的现实

当我们请校长谈一下是什么促使他们做出改变的时候，采访中我们常常发现他们会不自觉地表现出他们在直面残酷现实方面的能力。下面我们通过邦德校长、福克斯校长和佩斯维尔校长的例子来对他们的这种能力进行例证：

邦德校长：我们需要再去检查一下我们还需要做些什么来改进我们之前的工作；有意思的是，我们确实是走在正确的路上。我告诉那些老师，这确实是有些难以接受，但是最终我们会得到资助来继续我们已经开始的工作。

福克斯校长：我接手这所学校的时候，学校里一半以上的学生有阅读障碍，所以我们把重点放在阅读教学指导上面，并为孩子能够读到更多的书创造更好的环境。

佩斯维尔校长：教师们在课堂上都非常地循规蹈矩，毫无亮点可言。考试成绩也说明了这一点。我收集了很多这方面的数据，让我有足够的材料，去说服这些教师开始做一些改变。

邦德校长

几乎所有的卓越校长都提到过，当他们刚接手一所学校的时候，都会遇到很多的问题，但他们也都相信，他们可以克服这些困难。邦德校长就将员工的反应和自己第一年任期内学生成绩并没有得到提高的信息结合了起来。教师们的反应让我们想起了上将斯托克代尔被关押在越南的故事，他们就像那些以为自己可以提前出狱而过分乐观的人。而当这些事情并没有按照他们的意愿发生的时候，他们感到了失望，于是最后采取了放弃。

邦德校长：从州里传来的消息让每个人都感到失望。我们在过去的一年里确实有了一些改进。教师们认为我们已经做得够好了，好到可以帮助我们脱离那些困境。实际上（他们所做的努力）还不够。开始的时候，有些人不相信这一点。不久，我就听到教师开始埋怨州里的问责系统。

邦德校长正视了学校表现不佳的现状。而他将这种信息转变成了对学校而言比较积极的举动，他告诉教师州里开始向他们提供经费，让他们开展更多的项目，并支持他们继续实施他们已经开始的改革。为了能够做到这些，所有的员工都必须有效地团结起来，不仅是在制订计划上，还在实施计划上。也就是那个时候，邦德校长开始认识到了提高学生成绩的最大困难：这些教师一直都习惯于关起门上课。很少有教师会和其他人一起工作。他认识到，为了能够提高学生的成绩，他和其他的员工都需要更多的交流，并且还需要通过团结合作来解决这些问题。

问题：您认为是什么妨碍了大家的合作？

邦德校长：这些教师似乎对团队合作非常抵触。他们很容易就屈服于不良的成绩，并且抛弃从前已经取得的成绩。所以，我们必

第八章
直面残酷的现实

须清楚地让大家知道我们要做些什么。也就是那个时候,我才真正地意识到,我们之前并不清楚到底应该如何来做这件事。我的意思是,在行政人员和教师员工之间,很明显缺乏沟通。如果我们想要取得进步,我们就必须一起获得成长并开始团结起来,一同开展工作。

福克斯校长

学生的阅读能力异常低下,则是福克斯校长和他精心挑选的员工所必须面对的事实。而使这个问题变得更加难以克服的是,这些学生在入学的时候,母语和英语都发展平平,他们的家长也在这个问题上起不到任何作用。如果是其他人遇到这种情况,可能就会是一件非常令人沮丧的事。但是我们知道,派斯小学和他们的校长都有这样一个观念:阅读是所有科目的基础,如果不能提高阅读能力,那么其他科目也不可能取得进步。派斯小学的行政人员和其他员工在一开始就决定,将提高学生的阅读能力作为教学的核心,他们尽可能地为学生在学校提供阅读的机会,在课后的辅导中心里为学生提供阅读协助,为在低分徘徊的学生提供由可信任的教师辅导的双倍的阅读训练。福克斯校长充满自信地说:

福克斯校长:我知道孩子们可以学会阅读。我也知道只要孩子们提高了阅读成绩,那么他们在其他科目上的表现也会得到改善。而且我非常清楚,这些都是需要时间的。我没有想过,这项工作是不可能完成的。我的员工也和我有一样的想法。

派斯小学的考试成绩以及他们所获得的三项顶级的奖章（杰出校园奖、蓝丝带奖、第一成就奖，获得所有这些奖项都在这三年之内）都验证了他们所付出的努力和成功。

佩斯维尔校长

作为一名新上任的校长，佩斯维尔校长相信她可以给芒特小学的员工带来一场变革。然而，那些有资历的老教师们，对他们的现状非常满意，他们并不希望做任何的改变。这就是这名校长所必须面对的现实。于是，佩斯维尔校长决定扭转教师们的这种态度，并通过对教师实行调职、退休和辞退的方法来促进教师们改进教学。我们通过仔细观察发现，在团结所有员工的过程中，她通过讲授示范课、进行个人或集体辅导，以及向教师们提供教学资源支持，这几个方面来协助他们的工作。她在任期的第一年里仅仅做了微小的改变，大多数的时间她都用在了观摩课堂教学以及获取员工们的信任上。她认识到，要让员工们按照她的要求来工作，那么她就必须有足够的耐心和持之以恒的精神。当她感到改变的节奏太快了的时候，她就会减缓这种步调。在她第二年任期快结束的时候，已经有很多老教师加入了他们的变革。佩斯维尔校长的坚持不懈，以及她对自己一定能将活力带回课堂的信念，保证了这所学校能够一直稳步走向成功。

第八章
直面残酷的现实

艾斯柏林校长

艾斯柏林校长在接管密仙小学的同时,还接管了一群我行我素的员工。一方面,一些老教师们非常善于争辩,在教师工会中占有一定地位。另一方面,新教师却都充满了激情和活力。另外,她还从调职前的学校里带来了一批老教师。她知道在完成提高学生成绩的目标之前,她将会有一场艰苦卓绝的仗要打。但是她也相信,她一定能获得最终的胜利。最初,她计划让所有的教师在学区提供的例会上见面,而这些例会每个月至少会有两次。从一开始,她就知道这绝不是件容易的事。

比较组校长的屈服和退让

卓越的校长在改革的过程中,即使遇到让人非常头疼的人事问题,也还是会坚持下去。相较而言,比较组的校长在处理人事以及工会方面的问题上,就显得有些力不从心了。

贺普利斯校长对于建立团结协作的校园文化持有非常乐观的态度。但是当这种想法遇到学校的工会时,所有的一切都荡然无存了。而她对此的回应就是不断的屈服和退让。

问题:作为校长,请问您在学校里有多大的决策自主权呢?

贺普利斯校长:我们似乎更像是一个由工会组成的商店,并受到工会的各种制约。工会的人员都非常地强势,在学区里也拥有很

From Good Schools to
GREAT SCHOOLS

大的权利。一些在工会中很活跃的教师对于我们所付出的努力总是持反对意见，并总是寻找机会来破坏我们的工作。我之前也有一个属于工会的同事，但他具有很高的管理水平，一旦有可能会发生一些问题的时候，他都会提前给我一些暗示。不过后来，他调到了另外一所学校。现在我身边的，都是那些反对派的人了。

贺普利斯校长能够找到问题的核心，就是这些不受管理的员工。

贺普利斯校长：（学校中属于工会的这些人）还会不断地影响其他人。每当有人想多做一些工作的时候，他们会告诉这些人没有必要去做那些事。工会中还有人总是在全体员工面前质疑我所做的每一个决定。让我觉得特别难过的是，我觉得他并不能代表其他所有人，但是却没有人站出来支持我。而且通过威胁和恐吓，他在学校里拥有非常大的势力。那种感觉就像是有人一直来扯后腿。当然，学校的员工也不怎么想去改善这种状况。剩下的那些员工也不会去反对这些总是在暗处动手脚的人。员工有了问题从来不找我，而是直接去找监管人。在这种情况下，工作就变得越来越难以开展。到了现在，它已经是最大的问题了。

贺普利斯校长觉得学区并没有站在她的那一边来支持她，这也进一步恶化了已经存在的问题。

问题：能否请您更清楚地解释一下，您所说的"这种情况"？

贺普利斯校长：新任的监管人放任工会的人有问题就直接去向他进行申诉。这已经变成了这所学校现在的工作模式。一旦监管人

第八章
直面残酷的现实

已经接受了他们的意见,事情就更难办了。而这个时候,我也已经没有解决问题的任何权利了。似乎这些人从来就没有希望问题能够得到解决过。

贺普利斯校长没能做到的就是,坚信经过这些挑战,她一定能够取得成功。她说,"我们的目标是让所有的员工团结起来。但是既然这个小团队('负面的团队')这么想要保持现状,那么我又为什么还要来尝试改变呢?"她说她很可能申请调离这所学校,或调往学区中心办公室工作。

而利琳魁斯校长则似乎是由于教师工会的原因,而将决策权交给了学校的教师。当她谈到有关决策权的事情时,她表现得非常沮丧,"工会分配会议的时间,而一旦他们谈完了他们要谈的内容,根本就不会给我留下任何一点时间来讨论我需要讨论的问题。我能怎么办呢?只能站在一边。"

卓越校长和比较组校长之间,最明显的区别就在于他们在面对困难时的态度和处理问题的方式。这也再次说明,卓越校长们不可动摇的决心成为了攻克难关的关键。有些比较组的校长也谈到了他们所遇到的问题,比如他们没能处理掉那些有问题的教师,然后让学校保持前进。但是,他们对问题采取的解决办法,不是去克服它而是接受它,并听之任之,他们觉得,既然这些有问题的教师不会走,那么这所学校也就不会有什么进步。

From Good Schools to
GREAT SCHOOLS

> **思考**
>
> 每所学校的管理人员都会遇到一些现实问题，或者一些阻碍他们实现学校发展的情况。您有遇到过哪些类似的事情，而您又是如何来处理的呢？

> **给校长的建议**
>
> **直面残酷的现实**
>
> - 和员工一起，分析学生的成绩并统计出数据。
> - 研究学校和所在社区的文化。
>
> **解决问题**
>
> - 基于事实为学校制定一个合理的规划。
> - 从最容易突破的部分开始工作。
> - 相信困难最终一定会被克服，同时将这种信念传达给他人。

9

第九章

发现你的教育引擎并对它充满热情

　　任何不符合我们刺猬理念的事情,我们都不会去做。那么我们就不会涉及到不相关的商业。我们也就更不会去并购一些不相关的产业。当然我们也就不会开展不相关的合资。如果,不合适,我们就不去做。

—— 柯林斯

From Good Schools to
GREAT SCHOOLS

正如我们在第一章里提到过的，以赛亚·柏林在他的文稿《刺猬和狐狸》中将人分成了两类：刺猬型和狐狸型。狐狸型的人有诸多追求，并不断地实现着这些追求，在他们的眼中世界就是一个复杂的多面体；相反，刺猬型的人，则是将一个复杂的世界简化为一个单一的概念，并用这种方式来理解和处理所有的事。对于刺猬型的人而言，任何与这种思想无关的事物都没有任何的意义。研究者们发现在很多私企中，最好的管理者大都属于这种类型。在20世纪70年代后期以及80年代前期，皮特斯和沃特门对75家公司进行研究后发现，所有的公司都有一个共同点，那就是他们在将复杂的事情变得简单这件事上非常努力。柯林斯将柏林的观念运用在了他所著的《从优秀到卓越》的研究中。从优秀到卓越的公司的领袖们在开展运营的时候，一定是按照几个主要的核心来进行，而这几个核心就是：（1）什么事情是他们可以在世界上做到最好的，（2）什么会促进他们的实力发展，（3）他们最热衷的事情是什么。而这些领导人对于这三个核心的共同部分都有一个最基本的理解。在柯林斯的

第九章
发现你的教育引擎并对它充满热情

笔下,这个共同部分有个名字,叫作"刺猬理念"。

研究者对引擎的质疑

当大多数研究者都接受了在教育界使用柯林斯所说的你"能将什么做到最好"以及"怀有极大的热情"这样两个概念之后,还是有少数研究者对于将柯林斯的概念"什么驱动了经济的发展"应用到教育界有一些疑问。毕竟公立学校以及大多数其他的公立机构都不是以营利为基础的实体。柯林斯在2005年重新思考了关于在社会公立机构中使用经济驱动这个概念的问题,因为在公立机构中经济因素并不是它运营的动机。他将公立学校,纽约警署,特许学校,男孩女孩俱乐部,以及其他的公立机构重新进行整合研究,最后得出结论,这些社会机构主要是依靠行政支持以及公众资助才得以运行。当然学校机构与其他社会机构是不同的,因为它在人事关系的独立性上要更特殊一些。

教育引擎:与人类发展相关

我们同意柯林斯的意见,公立学校以及其他社会机构的教育引擎是与人类发展相关的。不仅如此,我们还认为学校的引擎驱动力更多地是集中在学校校长以及员工的技巧,还有他们的自律意识、职业意愿,以及决心上,而不仅仅只是柯林斯对公立机构驱动引擎所描述的"时间,金钱和名誉"。也正因为这些不同,我们在这里使用了"教育引擎"这个词代替"经济引擎"或"资源引擎"来描述运用于学校的刺猬理念。

当涉及到私企研究的时候，柯林斯曾经问过这样的问题："如果您可以选择一个比率，当然也是唯一的一个比率，利润为X，将随着时间的增加而增加，那么X可能会对您的经济引擎最大和最可持续增长的影响是什么呢？"在谈到学校问题的时候，我们将这个问题做了一点修改，"如果您能选择一个比率，学生成绩与因素X挂钩，学生成绩将随着时间的增加而系统提高，您觉得有什么因素将会对您的教育引擎带来最大以及最持久的影响呢？"

在这个问题上，学校人员对提高学生成绩这个目标的实现方式，似乎就是驱动学校教育引擎的决定因素。回想一下密尔沃基公立学校中90/90/90的研究案例。这些在全国范围内都非常卓越的学校，他们的学生中90%都是少数民族，90%的学生都能享受到餐费减免的午餐，并在标准或测试中至少有90%的学生都可以通过。这些来自于90/90/90的学校校长和教师们能够获得这些成就，都是因为他们能够将注意力像激光一样准确地凝聚在促进学生成就的教育引擎上，他们对于学生的成就付出了特别的关注。

而在另一项调查研究中，有这样一所学校，位于得克萨斯州的伊斯莱特独立校区，布鲁斯·松井和他的研究团队在这里研究了可以给学生成绩带来显著影响的因素。而其中一项重要的影响因素就是，学校的管理人员能够将所有的重点都放在提高学生的成就上，

第九章
发现你的教育引擎并对它充满热情

努力减少与此无关的项目或活动。一名卓越校长在采访中讲述了他们是如何满足这样三个概念的。福克斯校长知道他的学校最擅长做什么,清楚什么可以驱动学校的教育引擎,另外,还对他的学校事业充满了热情。

【案例】福克斯校长和派斯小学

派斯小学位于加利福尼亚州,一个城乡结合部的社区内。这个社区有古老的橡树、花田、连绵的小山,以及一片高尔夫球场,还有一些中产阶级和中等富裕的家庭。这所学校的学生中有53%是西班牙裔,36%是白人,4%是其他族裔。学生中有40%是英语为第二语言学习者,51%的学生能够享受餐费减免的服务。这所学校学术性能指标(API)相关等级排名在1999年到2003年间从第六级升到了第八级,它证实了人们普遍认为的贫穷、少数民族入学率和学生成就之间存在关系的假设是错误的。不仅如此,和相似学校进行比较的时候,这所学校从1999年起就开始保持一个相当稳定且出色的排名,排名不是第九级,就是第十级(见表9-1)。

派斯小学在加利福尼亚州成百上千所学校中赢得了三大顶级奖项(杰出校园奖,蓝丝带奖,以及第一成就奖),而所有这些荣誉都是在三年中获得的。这些成就让我们好奇,"为什么这所学校这么成功?"

表9-1　派斯小学：API 同类学校等级排名

1999	2000	2001	2002	2003	2004	2005
8	9	9	10	10	9	10

到目前为止，我们认为每一所卓越学校的背后都有一名卓越的校长。派斯小学也不例外。它的校长，福克斯校长将他一生的教育事业都奉献在了同一个学区里。他从教师开始，逐渐成为中心办公室义务教育阶段的课程协调人，最后很快地成为了小学校长。在他成功担任小学校长七年后，他获悉这个学区里将有一所新的小学开始向大众提供教学服务。于是他向上级提出了申请，并最终得到了批准，前往该校担任校长一职，派斯小学就是这所学校。他在这所学校任职了整整六年。他的成功，证实了刺猬理念在教育领导力方面的充分运用。

知道你最擅长什么

一个公司可能很清楚地知道它最擅长什么。沃尔格林，是一家在柯林斯的研究中非常成功的公司，这家公司发现很长一段时间以来，如果他们将他们的店铺开在非常便利的位置，那么他们的利润就会提高。另一个同样也在此研究中的公司——雅思公司，则研制了一种非常有效的，其他公司无法复制的健康医疗系统。但在学校里，你所擅长的不会是像上面谈到的这样一种服务或者产品，而是一种与人相关的各种因素的集合。这就是福克斯校长和派斯小学的故事。

第九章
发现你的教育引擎并对它充满热情

他有了想要的工作人员,并从一开始就知道他的学校最擅长什么。

问题:能不能请您谈一下您的员工以及在过去的五年里,他们是如何参与到学校的建设中的呢?

福克斯校长:这些教师对于建设一所新的学校都诚恳地表示了浓厚的兴趣。他们都非常了解学生的构成,但仍然非常期望和这些学生一起工作。

从一开始,福克斯校长就将员工的技能和决心看作是学校最宝贵的财富,而教师们则还需要认识到所有的学生都能在学术上取得成功。

问题:当时的员工情况是什么样的呢?

福克斯校长:新员工都非常容易相处并且非常地专注。他们都希望学生获得成功。在接下来的六年里,员工们都表现得非常团结、紧密,同时在工作上都非常地积极,并愿意同其他人一起分享各种信息。从一开始,他们对学生的问题,就表现出了团结一致、共同制敌的态度。同时,他们在面对这些挑战的时候,非常愿意付出时间,牺牲自我。

知道是什么驱动了你的教育引擎

福克斯校长在我们的采访中正好回答了之前我们所提到的一个问题,"如果您能选择一个比率,学生成绩与因素X挂钩,学生成绩将随着时间的增加而系统提高,您觉得什么因素将会给您的教育引擎带来最大以及最持久的影响呢？"

福克斯校长毫不犹豫地给出了答案。他认为这两个相关的因素分别为——增加更多的阅读课，以及为学生在校内提供更多的阅读时间和机会。

福克斯校长：我一直都认为，教授阅读和确保学生享有足够的阅读时间是小学工作的重中之重。阅读量越大的孩子，阅读的水平越高。我们这里有很多在阅读方面比较弱的孩子。事实上，当我们这所学校刚开放的时候，我们这里有一半以上的学生有阅读障碍。而仅仅在几年之内，我们这里的孩子，只有极少数还有阅读障碍。

从这里我们可以清楚地看到，福克斯校长非常明确他们能将什么做到最好，而所有的决策也都以此为核心而展开。

问题：您和您的员工到底是怎么做的？

福克斯校长：我们在所有的领域内都强调阅读——即使在数学科目上也是如此。如果有一个教学的项目或者活动让我们发现它与阅读没有丝毫联系，那么我们就会取消它。举个例子，我们仅仅在阅读和数学矫正方面使用计算机程序。你知道，实际上好的软件非常非常地多。有一些学校使用这些软件来做教学和其他工作，我们并没有那样做。

取而代之的是，他的员工付出了更多的时间在教授阅读上，同时，他们也给了学生足够的机会来自己读书。他们鼓励在阅读上成绩优异的学生去帮助那些在阅读上比较薄弱的学生。

第九章
发现你的教育引擎并对它充满热情

问题：您有没有实施什么特别的项目或计划去提高学生的成绩呢？

福克斯校长：没有，除非你把我们的实验项目算进去。

他解释说，这些教师的教学技能都很出色，并且都下决心去做那些他们觉得有助于提高学生成绩的工作。基于此，去聘请一些教学技巧还不如他们的人，来给学生加倍的阅读指导是没有任何意义的。只要是有天赋的，受过培训的人员就可以做这些工作。所以当他们为了准备实验项目的申请和分配资金聚集在一起的时候，一致认可了福克斯校长的建议，将大多数的经费花在雇用有资质的教师上，而不是聘请教学指导上。

福克斯校长：我觉得正是因为有了我们这个非常具有创造力的员工团队，才一同创造了这些改变。我们拥有非常多的优秀教师，为了学生的成功，他们愿意做任何事。

福克斯校长一直认为让教师远离学区和州里所给的考试压力是他的责任。而在做这件事的时候，他仍然坚持着提高学生阅读水平的目标。

问题：当您为了学校的将来，做着这些需要长时间的努力才能显示出成效的工作的时候，您是如何应对来自于学区、州里，以及联邦政府的压力的呢？

福克斯校长：我觉得当学生的阅读成绩提高了的时候，他们其他的成绩也会提高，而这一点通过考试的成绩就能够证明。我们学校的考试成绩也确实证实了我的想法，教授阅读和保证孩子们有足够的时间阅读，是小学工作的重中之重。我从来就没有把考试当成一件天大的事。我只是强调那些对于学生成绩非常重要的事情——比如为了我们的项目改善计划，强调每年都要对考试的结果进行分析。

和其他所有卓越的校长一样，福克斯校长通过在他的学校里开展合作计划和决策制定计划，而不是改变学校的根本，来展示他在处理人际关系方面的天赋。决策制定都是以会议的方式进行。学校的行政管理人员对于需要教师来做些什么，都表现得非常坦诚。

福克斯校长：如果我们需要削减预算，我们会把所有的开销列成清单，然后列出最重要的；我们重视那些能和我们一起完成工作的人，而对于那些不能完成相应工作的人，我们请他离开。当然教师也基本都参与了这些流程。在我们学校，教师在会议中所列的首要任务清单，和我自己单独列的，没有太大差别。无论我有什么想法或为什么会有这个想法，我都会与他们分享，这样教师们就可以清楚地知道我的这个想法到底从何而来。

我们向福克斯校长提出了一个问题，他有几成的自信，觉得教师会议的结果会和他的意见一致。

福克斯校长：十成。很显然从一开始，我就有了一个非常出色的员工团队，而且我对我们一同做出的决定都很满意。我们的提案总是在学校委员会、家长委员会以及双语咨询小组一致通过。他们都很支持我们。

我们也向福克斯校长询问了他觉得有什么方法可以保证教师能

第九章
发现你的教育引擎并对它充满热情

够在致力于提高学生所有科目的成绩的同时,还能特别关注教授阅读。他同我们分享了这样的理念,校长听课是保证教学质量的关键。

福克斯校长:长期以来,我都坚持听课。我收集了大量的听课信息,正式的和非正式的。大多数教师都很喜欢这种形式,因为他们知道我会和他们就我所看到的内容进行谈话,而我也会同他们所在的年级小组讨论我所看到的内容。当然,进行小组谈话的前提是针对所有教师进行的。我每天大概要花两小时的时间去听课。

如果福克斯校长和他的员工,讨论是什么驱动了他们的教育引擎,他们的答案一定是孩子在阅读中获取更多的技能。那么,通过增加每天的阅读教学以及学生的阅读机会来提高阅读技能,就是派斯小学的教育引擎。

充满激情

一旦问题涉及到福克斯校长所设定的中心——提高学生的阅读技能的时候,他就会变成一个狂热主义者。而这种痴迷的原因则来自于他作为一名小学生时的个人体验。

福克斯校长:有一件事塑造了我对学生的教育理念:我到五年级的时候才学会独立阅读,那个时候我就意识到了一名教师对学生的影响力到底有多大。我五年级的老师教会了我如何阅读。我经常与那些喜欢和他们的阅读老师较劲的学生,分享这个故事。我总是说,"现在还不晚,现在就有一个机会可以来挽救一名学生。"

From Good Schools to
GREAT SCHOOLS

他的经历让他认识到，在阅读方面比较好的孩子可以在其他的功课上也同样优秀。

福克斯校长：我的老师总是喜欢用一种非常夸张的语气来给我们读书，所以不管她读的是什么，我都觉得非常地有趣。而她做的另一件事，就是她非常地相信我。她告诉我的父母，没有人花过时间来教我阅读，那么就让她来做到这一点。

对阅读持续的专注力，以及充满热情和决心的教师的努力，在极大程度上提高了派斯小学的成绩。学校的校长和员工，在尊重学生以及为了学生而不断付出努力方面，都成为了杰出的楷模。学生也在这种氛围熏陶下，感到了舒适和安心，他们也学会了尊重彼此，并在学业上更加努力。当所有必要的元素集合在一起的时候，福克斯校长成功地达成了学校这种双赢的结果。

福克斯校长：教授阅读和确保孩子们能够独立阅读是小学工作的重中之重。那些读书读得越多的孩子，在其他科目也将学得更好。而所有这些成就的来源，都得益于一名员工，她用充满创意的方法帮助了孩子们去阅读。

至此，福克斯校长就已经完全满足了刺猬理念的三个条件。他了解他的学校擅长什么——自我激励、自我约束，以及学校里富有天赋、成功教会了学生阅读的教师。第二，他清楚地知道是什么驱动了他学校的教育引擎——当学生们有了更多的阅读时间，当教师们在授课上花费更多的时间的时候，学生在所有科目上的成绩都得

第九章
发现你的教育引擎并对它充满热情

到了显著的提高，并在标准化测试中取得了成功。最后，他对坚持教授学生阅读，和保证学生能有足够的时间进行独立阅读，抱有深切的热情。这三个条件合在一起就满足了提高阅读能力的"刺猬理念"，而正是通过福克斯校长和他的员工在学校所开展的项目和制定的所有决策，才最终提高了学生的阅读能力。

最近，福克斯校长重新回到了学区办公室，担任特别项目管理人以及人力资源方面的副监管员。虽然他现在已经不在派斯小学工作了，但是他知道学校还将继续保持这种前进的势头，不断提高学生的成绩。而他也很清楚，这些成就与他在任期间和他的员工们一同打下的坚实基础密不可分。他为能够建立这样一所让学生快乐、家长满意并愿意提供支持，且学生也在此不断学到知识的学校，而深感自豪。

卓越校长遵循了刺猬理念

所有卓越的校长在采访中都证实了，他们确实遵循了刺猬理念的三个条件，并站在了这项理论的核心。刺猬理念的第三个影响因素——知道你对什么充满热情——在访谈中表现特别明显。对于昂普休斯校长而言，他的热情就是建立一个领导团队。通过努力，他让每一名员工都接受了领导力的培训。我们之前提到的邦德校长，他的热情就是建立起良好的人际关系。他相信，在他的学校里，建立良好的关系就可以为教师和学生提供一个良好的教与学的环境，这种关系是他的学校成功的关键。他曾经这样说过,"我们正走在正确的路上,因为良好的合作关系是我们在处理课程和项目的时候,贯穿这一切的主旨。"佩斯维尔校长对于贯彻实施一周五天的阅读课充满了热情,以此来确保提高学生的阅读技能。在她担任校长的头两年里,她所有的精力都用在了落实这个目标上。迪斯普林校长的热情在于创造一个环境,让她的员工相信他们有能力成功地教好加州标准课程,同时让学生相信,他们可以成功地展示出他们所学到的知识。她通过她的行动向大家传达了她的信念,学校里所有的教师都是高素质的,他们有能力做出正确的决定来提高学生的成绩。她说,"有些人可能会认为你们的目标定得太高,或者太不现实。但是我认为当你们都相信你们可以改变这一切,并且愿意努力来实现这一改变的时候,成功就会到来。"最后,艾斯柏林校长的热情是通过实施认知引导式教学来建立一个团结合作的员工团队。她说,"我们所做的一切都是关于如何教好孩子们数学。我们已经确定了我们的核心目标,而所有的员工也都一直全身心地投入这个目标。"

比较组校长难以抓住核心

和所有卓越的校长一样,比较组的校长们也都描述过他们对学校的热情。茵珐珂秋校长,是桑凯斯特小学的校长,她的热情在于希望所有的教师都能够理解他们的职责并努力承担起他们的责任,而他们的责任应该是和所有的孩子一起在学校工作,而不是在家里

第九章
发现你的教育引擎并对它充满热情

工作。她说,"我试图向他们传达这样的理念,我们是一个小镇,如果我们失去了一个孩子,那么我们将失去所有的孩子。"奥布泽维特小学的康斯皮瑞希校长说,她的热情在于实施一个直接指导教学项目,如果不是有两名教师工会的代表在最后的教师决议会上公开反对的话,她还会继续坚持实施这个项目。

　　无论比较组的校长能不能找到他们对于学校的热情,从访谈来看,他们中没有任何一个人在我们的采访中,证实了他们对热情的坚持和信念。这些比较组的校长只是陷入了柯林斯所说的"恶性循环"而已。当这些校长来到一所新的学校的时候,就带来了一种新的期待,一个新的项目,而这所学校也就开始向这个方向倾斜。一旦这些项目不顺利,然后就又会开始一个新的计划,学校也会开始向另一个方向倾斜。卓越的校长们都非常善于抓住他们在刺猬理念中的核心,并一直坚持下去,他们都认可从小事做起,从小的改变开始,并维持这种进步,量变形成了质变,最终他们开创了学生成就的新局面。

From Good Schools to
GREAT SCHOOLS

思 考

您学校的教育引擎是什么,或者您认为什么才是一所学校的教育引擎呢?而这项教育引擎又应该怎么做才能提高学生的成就呢?一名校长又应该做些什么来保证这个教育引擎将会一直引导学校前进呢?

给校长的建议

知道你最擅长的

- 了解教师所擅长的(比如:技巧和决策)并支持他们。
- 一直为了学校的成功而努力。

知道是什么驱动了教育引擎

- 决定教育引擎的驱动力(比如:增加教学阅读的时间,或增加学生阅读的时间,或者两者同时进行)。
- 坚决拒绝那些会使学校分离的项目、流程以及教师。

对它保持热情

- 每天都点燃你的激情。
- 坚信学校的教育引擎。

第十章
建立训练有素的文化

　　如果能让每个人都真正地融入工作,那么就不再需要对他们施加额外的管理了。他们知道需要做什么,而他们也会这么做。更重要的是,人们越是能够自发地投入到你的事业中,你就越不需要对他们实行管理和控制。我们不需要盲目的服从。我们需要的是从内心里觉得这件事情是值得他付出的人。

　　　　　　　　——凯莱赫(曾任美国西南航空公司CEO)

这不是一个新的概念

大多数人都会承认"训练有素的文化"并不是一种新的理念。一般领导力的书籍都会用比较丰富的材料来支持一种企业文化,而这种企业文化一般都包括了它拥有的训练有素的人和训练有素的行为。在第十二章里,我们将讨论皮特斯和沃特门的著作《寻找卓越》。这部经典论著说明了一些被卓越公司所普遍使用的基本原理。而将这些原理集中在一起,他们就和柯林斯所描述的领导力行为和个性特质具有极大的相似性。举例来说,这些原则中有一项是关于训练有素的概念,训练有素的人是那些在一定框架内有一定的自由度和责任感的人,也可以称之为"张弛有度"。皮特斯和沃特门发现这些卓越的公司都"一方面严格实施管理,另一方面又允许员工拥有相应的自主权(确实坚持保证了这种自主权)、创业精神,以及创新空间"。

皮特斯和沃特门的工作是受到W. 爱德华·德铭的影响完成的,德铭发现这些通过自我管理的团队,在减少监督机制的条件下比在

第十章
建立训练有素的文化

最优秀的人的领导下的工作效率还要高。这也完全符合柯林斯提到过的"提高效能",即在《从优秀到卓越》中提到,训练有素的人会尽可能地完成每一件事,来满足他们的责任感。柯林斯继续强调那一点:"当你把这两种互补的力量融合在一起——一种伴随着企业家精神、训练有素的文化就这样产生了——你也就得到了一块充满魔力的点金石,它既能产生高效运作,又能持续这种良好的结果"。

麦克·施莫克在描述他的自我管理小组时,支持了柯林斯的这种理论。

天赋和专注是团队建设中最重要的部分,特别是建设这样一个团队:

1. 既具有自主权又有责任感。

2. 能够为了创造更好的结果,向个人提供大量的机会来分享他们的团队精神以及互助性。

皮特斯和沃特门的另一个例子也证明了他们的原则,遵循了刺猬理念中,知道自己最擅长什么并将注意力集中在此的概念。他们"关注主营业务"的原则就是以企业知道自己最擅长什么为中心进行的。皮特斯和沃特门发现那些坚持自己核心业务的公司比那些向多元化发展的公司更为成功。

成就一种训练有素的文化会遇到的困难

训练有素的文化包含了我们在本书中之前所提到过的所有检验

过的特质。在第七章里，我们检验了卓越校长们在任用正确的人员（训练有素的人）方面的能力。而在第三、四以及第五章里所研究的这些校长们身上所表现出的个人谦逊、令人折服的谦卑，以及为了学校的成功所展示的野心，都向其他人释放出了一种信号，那就是在组织中的每一个人对于卓越学校的贡献都是有价值的。在第三章和第六章里，我们可以发现，这些校长们将他们自身的这种训练有素的意识，贯彻在了他们不可动摇的决心和坚定的职业意志上，尤其是当他们在面对残酷的现实时，他们更加坚信他们一定能取得最后的胜利。第二章和第九章也证实了这些校长们能够成功地和他们校内的各种员工建立良好的关系，以此培养他们训练有素的行为，最终满足他们的刺猬理念。

我们所介绍的所有卓越校长都是在上任之后开始建立属于他们自己的校园文化的，除了福克斯校长，他所有的员工都是由他自己亲自聘用并建立一所全新的学校。为了能在这些校长的采访中进一步挖掘出他们在建立训练有素的文化方面的证据，我们借用了柯林斯在这个主题上的论点：

1. 在一个框架内，围绕着自由和责任建立一种文化。

2. 选用一些训练有素的人员来为自己工作，这些人员将尽最大的努力来实现他们的责任感。

3. 不要将训练有素和专横混淆起来。

4. 和刺猬理念保持一致性，尽可能将注意力集中在三个理论的

第十章
建立训练有素的文化

交集上。另外,创建一张"禁止清单"并系统清理一切无关的事物。

一方面,一个卓越的校长能够给他们的员工足够的自主权,来最大地实现他们的共同目标(校长将能够使教师避免经受来自学区、州以及联邦政府的压力,但是对员工并不进行强制的管理)。另一方面,这些校长能够对那些不符合刺猬理念的员工说"不"。所有这些卓越的校长都能坚持成就学生的目标。他们有能力聚集那些训练有素的人,这些人员有着训练有素的思想,也能够采取训练有素的行为来支持校长们的期望。

透过这四个因素,我们现在可以充分理解我们研究的校长们,是如何建立起训练有素的文化的了。首先,让我们来看一看亦歌小学的迪斯普林校长。

【案例】迪斯普林校长和亦歌小学

亦歌小学位于加利福尼亚州郊区,一个正处于上升期社区的中心位置。学校里大约69%的学生都是白人,16%的是西班牙裔,6%是非裔。校长用"关心并积极参与"来形容这所学校的学生家长。社区中很多家庭都是单收入家庭,一方主内,一方主外。学校拥有很多的家长志愿者,并从中获益良多。学生和教师的比例是20∶1。这所学校在加州标准化测试中表现非常出色,从1999年到2004年五年间,它在全州范围内保持了非常高的学术性能相关指数排名(API),排名一直在第9级和第10级,另外,它还获得了加州"杰出学校"的荣誉。更值得注意的是，当和其他位于这种类似的上升社区的学校进行比较的时候，这所学校还一直保持着继续前进的趋势。表10-1 展示了这所学校在几年里从第6级上升到第9级和第10级的这种变化。

表10-1　亦歌小学：API 相关指数排名和同类学校排名

	1999	2000	2001	2002	2003	2004
相关排名	9	9	10	10	10	10
同类学校排名	6	6	9	10	9	10

以下的几段话清楚地解释了学校的任务是什么："学校的所有工作人员、学生，还有社区，为了满足多元化的学生需求，提高学生的学习能力，提高学习质量，团结一心，建立起了坚强的后盾。"

当我们刚刚踏入亦歌小学的大门，它的美丽就给我们留下了深刻的印象。学校在布局上展示了一种开放的理念，这也让我们感到我们是受欢迎的。顺着楼梯，穿过了办公区，就到达了学校的中心位置，一块图书馆为主体的开放空间。而围绕着这块区域的，则是教室的大门。

校长办公室在行政区域的右前方，它的两扇墙体都是由透明的玻璃制成，从办公室可以看到图书馆以及少量的教室。当我们走进办公室的时候，校长正坐在办公桌后，面对着那两扇玻璃墙。我们介绍了来意，然后坐了下来，这时，我们也可以看到玻璃的外面，紧接着我们开始了第一个问题：

第十章
建立训练有素的文化

问题：您觉得您的办公室怎么样？

迪斯普林校长：不管你信不信，其实，我在办公室的时间很少。我现在在这儿的原因，是因为知道你们要来。不过要说的话，我觉得我的办公室完全不需要任何的装饰——透过这些玻璃，我已经有了最美的景致。

让那些训练有素的人围绕着你

我们非常急于知道，到底在这所学校发生过什么，才让这所学校产生了这样大的变化。而迪斯普林校长接下来的回答则说明了，当她接手这所学校的时候，这所学校还没有建立训练有素的文化。而一项训练有素的文化的建立，要从雇佣那些自律的、充满自信的、有才能的人开始，这些人能够长期关注，并自我激励去做那些能够提升学生成绩的事情。

迪斯普林校长：在过去很长的一段时间里，这所学校一直实行的是多轨制，而我们的员工数量也非常庞大。后来，我们就开始重新使用旧的课程，回到单轨制，这样失去了一些老员工。但在这些变化中，每一次我都重新聘用了一些可以分享我的期望和热情的、新的优秀教师来加入我们的工作，并将他们一直留了下来。可以说，现在只有五位教师还是从前的老教师。

除了在这些年里能够任用正确的员工，她还证明了她有能力调离那些不符合他们文化的员工。

From Good Schools to
GREAT SCHOOLS

迪斯普林校长：当我刚刚到这里的时候，这里的员工都很涣散。前任校长很显然是主张一个年级与另一个年级进行竞争这种游戏的。我观察到一个年级的小组需要通过复印来获得阅读材料，因为他们没有阅读材料，而另一个年级则在非常有限的领域内，拥有各种各样丰富的教学资源。很显然，这在年级之间是很不公平的。除此之外，一些一年级的老员工同前任的校长非常亲近，对其他所有的人都不满意。他们非常喜欢争辩，并随意说一些他们想说的话。

她描述了一下，她当时对这些员工的反应。

迪斯普林校长：我在心里做出了一个决定，绝对不能允许他们来改变我所建立的一切，所以我坚持了我的做法，接着，他们变了——不是在那一年里，而是在第二年里。

迪斯普林校长谈到了员工有非常强烈的竞争意识。

迪斯普林校长：在员工方面，他们有非常强烈的竞争意识，不是他们自己之间的，而是针对其他学校的。其他的学校有可能会（在分数上）超过我们，这一点真的激怒了他们。

迪斯普林校长将她自己的领导类型归为建立共识型。

问题：在做决定的时候，您是怎么从每个人那里得到承诺和认同的呢？

迪斯普林校长：我从来没想过，他们会和我不一样。

她对她的员工和学生都有着很高的期待和信念，而且她确信他们都知道她的这些期望和信念是什么。如果有任何人不能认同她的

第十章
建立训练有素的文化

期望和信念,她都会毫无犹豫地让他们离开。有了这些训练有素的员工,而这些员工又与迪斯普林校长有着同样的信念,那么还有什么会成为阻碍呢?

围绕着自由和责任建立一种文化

当一所学校有了训练有素的员工,校长就不需要花过多的时间对他们进行管理和控制,就可以让教师有更多的自由去创造更好的业绩并更具有创新精神。迪斯普林校长也清楚地表明一个充满责任感的员工是不需要管理的。取而代之的,她的工作就是将学校作为一个整体来进行管理。

迪斯普林校长:这些教师都受过非常好的教育,并且非常具有自律意识。他们会自己花时间来了解学生需要什么,而不需要我来告诉他们,他们需要去做什么。他们完全是不需要管理的。我的工作就是在我力所能及的范围内尽可能地去表彰和支持他们。

问题:您又是采取什么方式支持他们工作的呢?

迪斯普林校长:我给他们提供需要的教学材料和培训。在可能的情况下,我会替他们去处理家长方面的问题。我只需要处理好我该做的事。事情就是如此。有时候,我觉得他们非常愿意多做一些事情,来让我开心,于是我就告诉他们,冒一点险,尝试一些新的、不同的事情,是非常好的。我希望他们做到他们能够做到的最好的一面。而唯一能达成这个目标的,就是尝试新的事物。

问题：您的员工们会觉得您是什么领导类型？

迪斯普林校长：他们知道我是一个很好的聆听者，并且相信他们会去做那些对学生有益的事。

问题：您能不能给我们讲讲这样的例子？

迪斯普林校长：学区里到了一批新的教材。我告诉老师们哪些是对加州核心内容标准教学有效的书，并希望他们将学区的这些教材作为资源来使用。但是，请千万注意，不要舍本逐末。

迪斯普林校长在证明她的教师对学生的成绩充满了责任感之前，分享了一件事。

迪斯普林校长：去年的时候，教师的薪水和福利在教师工会和学区之间有了一些争议。教师工会就是在搅乱整个学区的工作。即便如此，在我们学校，一切都还是照常进行。我们的学校没有因此发生骚乱。在学校的门口没有任何关于薪水的标语，而且学校教师工会的代表也只是做了一些工会要求他们做的事。

不要将训练有素的文化和专制混淆

在迪斯普林校长的采访中，我们既没有发现任何的证据证明亦歌小学的校长是一位专制的人，也没有发现这所学校是通过制度和规则来治理的。当迪斯普林校长被要求分享一下他们学校成功的精髓的时候，她用了一个词语来描述"感觉"。

迪斯普林校长：当你走进我们学校的时候，你就可以感受到我

第十章
建立训练有素的文化

们学校的工作方式。前台的工作人员让人如沐春风，既温暖又受到欢迎。代课的教师对此说过很多次。普通员工和教师都说过，这里的人都非常乐于助人，他们从中获益良多。在你的周围，每个人都愿意对你施与帮助。你知道人们关心你。整个员工团体都把需要的人聚集了起来。这就是我们所做的。在这里，我们就是一家人。教师们对待他们和孩子待在一起的每一分钟都很认真。

卓越的校长们提到了经常观摩课堂的重要性，而在这里，这位校长是通过分享职业成长来建立训练有素的文化的。

迪斯普林校长：我每天都会去教室。当我在课堂进行观摩的时候，不管是正式的还是非正式的，我总是会和任课的教师一起讨论接下来的教学步骤——这个教师还需要做什么，而我又将可以提供什么样的帮助。我和这些老师聊天。所有的事中最神奇的一件就是，我们总是有空间可以让一件事做得不同而且更好。有时候，我在观摩课里，发现教室里的学生就跟一锅粥一样，我会对这个老师说，我会改天再来。我不会在那里说，噢！太糟糕了！与其在那里盯着没有任何用处的一锅粥，我宁愿看看真正的情况到底是什么样的。

坚持刺猬理念

一所学校里的纪律文化需要不断地为了让学生变得出色而做出努力，这意味着必须长期地坚持那些促进学校发展的项目，并拒绝那些会让学校退步、让教师懈怠的项目。迪斯普林校长向我们展示了,她对排除那些干扰学生成绩因素的重要性的理解。她谈到如果学区下发新的教材给教师,而当时教师使用的教材已经非常好了,那么她就不会要求这些教师更换新的教材,这是她对于前面说过的她所理解的重要性的解释。我们所听到的另一个与刺猬理念相关的例子是,她谈到了"我们通过摸底测试来了解学生知道些什么,而我们的老师又还需要教些什么,来减少对学生时间的浪费。"

知道他们擅长什么

迪斯普林校长知道她的员工,都是具有非常高素质的专业人员,他们可以做出非常专业的判断和决定,所以她总是在下决策方面给他们留有一定的空间,不管学区会不会支持他们的决定,她都会让他们自行决定如何教学。我们在这一章前面的内容里,分享了如何围绕自由和责任来建立纪律文化,而例子就在于此。

知道什么驱动了教育引擎

迪斯普林校长知道什么能够驱动他们的教育引擎。

迪斯普林校长:我们可以保证所有的学生都取得进步,因为我们所有的人都专注在加州标准内容教学上。我也相信我们最终一定会取得成功,只要我们的老师也都坚信他们能够改变这一切,并且努力去实现这些愿望。

充满热情

通过创造一个学习环境,让教师对成功都充满自信,学生对学习到的知识都能完全掌握,迪斯普林校长每天都过得充实而快乐。

第十章
建立训练有素的文化

她对她能给教师提供的支持充满了热情,并且对教师们的教学和学生的学习都抱有非常高的期望。

当迪斯普林校长离开亦歌小学的时候,她希望让人们记住,她对他们充满了期待,并竭力支持了他们的工作,最后她感谢他们愿意承担风险来使学校变得更加美好。当她最后提到"如果我能将这里(亦歌小学)的快乐复制到新的学校,这将是一件非常有意思的事"的时候,我们可以看到她在这所学校里,作为一名校长,获得了多少的快乐。

卓越校长扮演的角色

我们还有一些案例,是讲述成功校长如何建立纪律文化的,而这些案例也更加坚定了我们的发现。福克斯校长将他的员工描述为充满自律且自我激励型的人,他们会自发地去关注和实施他们所关注的阅读项目。他勤劳的教师们都和他拥有同样的信念,为了学生的成功而努力。这些员工都非常积极、团结,并且彼此之间没有对抗意识。他们可以自由地去选择一个挑战,然后开始思考解决的办法,而且他们也非常愿意花时间去攻克这个难题。昂普休斯校长的员工在领导力方面受到了很好的培训,在很多时候,他们都是作为一个团队来制定决策。受益于多年来在建立关系方面的努力,邦德校长所带领的每一个成员都在团队合作上扮演着非常积极的角色。

比较组校长建立校园文化的缺失

在对比较组的校长们的采访中，我们发现在他们的回答中，对于员工的自律和自我激励方面的讨论，都有所缺失。茵珐珂秋校长是桑凯斯特小学的校长，她表达了她对员工的希望，但似乎并不是那么地确定，她希望她的员工在她离开之后，能够有足够的自律意识和自我激励来继续工作。"我觉得最自豪的事情就是我能将那些最有知识，并愿意留在这里继续我们已经开始的工作的教师，留在这里。"另一方面，约翰逊小学的利琳魁斯校长说，"我是一个奉行自主原则的校长，我希望教师们能够专业地来做他们的工作，但是，如果一个教师表现得不好，我就会开始采取行动。"一个有意思的想法是，如果有人知道她所给予教师的自由并不是出于对他们的信任，而是出于工会的权威，那么她又会怎么办。

每一名比较组的校长都陈述了他们建立训练有素的文化的过程，这些经历暗示了他们目前在建立校园文化方面所处的各种阶段，以及他们的员工如何坚持建立这个系统，还有这些校长所给予员工的足够的自由和责任。所有高度成功的校长都理解建立这种文化的重要性，并且都非常成功地在他们的学校里推广了这种文化。

第十章
建立训练有素的文化

> **思 考**
>
> 当你需要建立一个校园文化的时候,为了保证这种文化中的行为和活动都可以有效实施,并提高学生的成绩,你认为有什么标准或者制度是需要被纳入的?

> **给校长的建议**
>
> **围绕着自由和责任建立一种文化**
>
> - 建立目标和计划,并且坚持实施它们,但是不专横。
> - 鼓励员工参与并激发他们的创造性。
> - 强调团队合作。
> - 在追求目标与期望一致的基础上,鼓励教师在拥有一定自主权的范围内充满责任感地工作。
>
> **通过训练有素的人来实施这种文化**
>
> - 建立清晰的期望值。
> - 雇佣自律的、自信的、专注的、能出成果的并自我激励的员工去做一些能提高学生成绩所必须做的事情。
> - 为员工提供教学资源、人事以及个人发展等方面的支持。

坚持刺猬理念

• 紧紧围绕着三个原则：知道你的学校和员工最擅长什么；知道什么能够驱动学校的教育引擎；对学校的事业充满热情。

II

第十一章

公立学校和私企之间的异同

我们之间的相似点为我们建立起合作的平台；
我们之间的不同让我们成就了彼此。

——汤姆·罗宾斯

在这里,我们想稍微提醒一下读者。我们这本书,是以柯林斯的著作《从优秀到卓越》中的研究,作为对学校校长研究的参考的。我们在柯林斯的研究和我们对校长的研究中发现了很多一致的地方。当然与此同时,我们也发现了一些不一致的地方,例如我们在谈到使用正确的人员,开除不合适的人员的时候,又或者我们在使用刺猬理念来寻找教育引擎的驱动力的时候。正如我们知道学校和企业领导者之间有着很多共同的特质一样,在学校组织和企业之间也存在着巨大的差异性。我们先来讨论一下这些差异在哪里。

公立学校和私企之间的不一致

我们将以下几点作为学校和私企进行比较的重点:(1)学生不是产品。(2)学校和企业有着完全不同的目的。(3)学校的校长和企业的首席执行官之间有着显著的不同。(4)学校和公司取得成功的方式截然不同。

第十一章
公立学校和私企之间的异同

学生不是产品

保罗·卓尼，AT&T前任执行总裁，现任密歇根州本顿港区学校监管人。作为一名新的学区监管人，她说"失去一笔大的生意的时候，会使我心烦。但是，这并不等于毁了一个人的人生。教育是完全不同的东西。我们所做的是如何让孩子为他们的人生做好准备。如果我们搞砸了，那么就没有挽回的机会了。"

库本，在最近的一篇名为《为什么学校不能像生意一样》的文章里，复述了一名成功的经理人和他说过的故事。杰米·沃尔莫曾经在一家冰激凌公司里担任高管工作，这家冰激凌公司的蓝莓冰激凌曾经被《人物周刊》评为"全美最好的蓝莓冰激凌"。他曾经受邀给一群教育家做一场关于从商业中寻找教育的突破点的重要性的演讲。他在席间也大力推广了他们在商业中为提升产品质量而使用的窍门。以下是在他演讲结束后发生的：

一位女士举起了手。她开始沉静地说，"先生，您告诉我们，您是一家生产一流冰激凌的公司的管理人员。"我得意地说，"女士，是的，我们生产全美最好的冰激凌。""那真是不错啊，"她说，"您的冰激凌口感顺滑、细腻吗？""我们的冰激凌含有高达百分之十六的乳脂。"我激动地说。当然我绝对没有预想到下面发生的事。"沃尔莫先生，"她的眉毛向上高高扬了起来，继续说道，"当您站在码头，看到您所订的蓝莓是一船品质非常恶劣的蓝莓的时候，你会怎么做？"在那个安静的房间里，我听到圈套收网的声音。我完了，但是我不想去说谎。"退货。""那就对了，"她大声地说，"但是我们永远都不可能将我们的孩子退货。我们要接受他们的一切，不管是大的、小的、壮实的、还是瘦弱的、有天赋的、优秀的、还是受过家庭虐待的、恐惧的、自信的、还是无家可归的、粗鲁的……我们需要接受所有的孩子。每一个人。沃尔莫先生，这就是为什么这不是一场交易，这是一所学校。"

不同的目的

学区的功能和那些商业机构非常相似——管理人员、计划安排、进行预算，等等。尽管如此，他们存在的目的却截然不同，学区的目的是为了实现公众和政治的职责，并且需要为学生的成就和他们的行为负责。而这种责任在营利的机构中是不存在的。

当然，营利机构也有各种各样的目的，而这些目的大多数时候都是为了增加收入、毛利润，以及给投资者的利润。不过私企很少提到要将公民和素养作为他们的目标。而造成这种差异的理由也非常简单——学校是公众为了大众集体的利益而努力产生的，而不是为了个人利益。

托马斯·萨乔万尼也认同学校机构和商业机构之间所存在不同。萨乔万尼提醒大家将成功的商业模式运用到教育中是一种非常不合适的行为，因为教育是一项有着非常特殊属性的事业。特别是，萨

第十一章
公立学校和私企之间的异同

乔万尼谈到"优秀的公司或者其他机构的领导者……对于社会公益机构而言,却可能并不是好的领导者……在教育领域里发生的所有的事情,都与道德相关,而这一点,事实上是与我们社会里大多数的机构都毫不相关的"。从另一方面来说,教育本身承载着一种价值,它塑造了学生的人生,也因此才有了我们的文化和社会。

产生背景的不同

在私营企业中,公司的高级管理者通常都是由董事会来任命的,这并不需要公众认可,而在任命过程中,也不需要有记者或外来人员参加。学校高级管理人员的产生则需要遵循法律流程,辩论,考量,最后在公众面前做出决定。而同样重要的是,学校董事会的决定,同样需要接受媒体和公众的监督。

通过本章的内容,我们已经讨论了企业领导者和教育管理者之间的真正差异。柯林斯假设了两种领导技巧:经营型的和法务型的。法务型的权威更多的是依赖于游说、政治货币,以及共同利益。他从社会机构方面给了我们一个例子,这个例子来源于弗朗西斯·海斯本,美国女童子军首席执行官的一段话。她是这样说的:

噢,您其实一直都拥有着权利,只要您知道到哪儿能找到它。包容的力量,语言的力量,共同利益的力量,以及联合的力量。所有的力量都在我们的身边,只是等着我们来利用它,但是,这些力量基本都很粗糙,也基本上都看不见。

我们认为学校的校长的权威是属于法务型，而首席执行官的权威则属于经营型。在我们的研究里，我们观察到了一个可以表现说服力的方式——聊天，它的效果非常明显，在卓越的校长中佩斯维尔校长和迪斯普林校长的例子都证实了这一点。即使当我们的校长受到了来自联邦政府、州、学区政策，还有工作流程、合同这些因素的限制，他们依然能够带领他们的学校走向成功。

决定成功的相反方法

当然，在如何认定成功方面，学校和企业之间有着很大的差异。在商业中，利润就是经济引擎。所有的一切都是关于如何获取利润的。而在教育领域里，却并不是那么清晰，因为我们谈论的是教育一群孩子，而不是售卖一个产品。即使是这样，当事情的状态有所改变的时候，我们还是可以感知的。你能够分辨出学校的教育引擎是什么，还可以知道是什么驱动了它。由于学校所承载的多种期望，以及它为多种客户所提供的服务，我们当然会希望有多种不同的标准来衡量一所学校的成功。然而，结果却正与此相反。在过去的30年里，仅有的几个科目里的考试，以及根据学校的表现所获得的奖惩，已经成为了衡量一所学校是否成功的主要方式。作为典型的测量方式，这种对于成绩的关注已经和商业公司中通过是否盈利来判断成功有了很大的一致性，而这种方式本身就是值得怀疑的，这是一种非常狭隘的衡量成功的方式。

第十一章
公立学校和私企之间的异同

萨乔万尼的观点是非常具有信服力的。我们也认为将在教育领域之外所得到的观点直接应用在教育管理所出现的问题中,是不正确的。虽然如此,基于我们在第一章里所提出的问题"既然我们知道要做什么,为什么还会失败?"我们还是相信将商业领域里的成功作为一种考量,对于解决教育领导者的一些问题还是有帮助的。而在这本书里,我们也通过学校领导者的眼睛,完成了我们对一群高效的校长们在个性特质和行为上的检测。

在领导力研究中所学到的

虽然我们已经在前文中讨论过学校领导者和企业管理者之间的差异,但是他们身上所拥有的很多特质却是相似的。事实上,我们相信,在卓越的学校管理者和企业管理者身上所拥有的共同的特质,是远远超过他们之间的不同的。在本书前面的章节里,我们检测了柯林斯为他的第五级经理人所做的研究,而这些在学校校长和企业管理者身上所存在的共同特质也都得到了证实。我们研究的每一个校长——卓越的校长和比较组的校长都分享了他们所遇到的一些特殊情况。而在遇到这些情况的时候,他们都采取了以下三种做法,虽然最终他们获得了不同程度的成功或失败。这三种做法是:

1. 表现并建立信任关系。
2. 提高参与性的管理和建立专业学习社区。
3. 通过巡查来进行管理。

这三种行为对于学校的工作都产生了影响，而商业领袖也都采取了相似的做法，在我们对高度成功校长的采访中，这三种行为被证实，是完全适用于我们的研究的。

表现并建立信任关系

我们喜欢那些值得信任的人，并愿意和他们交朋友。我们会听从我们信任的人的意见，并在潜意识里接受他们对我们的影响。因此，最具有影响力的管理方式就是，让在工作小组中的人信任彼此。我们在这里讨论信任，是因为我们相信，信任是让领导者的个性和行为得到有效发挥的潜在因素，而这些个性和行为，也经过了柯林斯的研究以及我们有关建立有效关系的独立研究的证实。

一些主要的研究也支持了典型的企业领导者在信用关系方面的重要性的观点。早在1972年，信任关系对于组织成功的重要性就在戴尔·赞德的研究中得到了体现，戴尔·赞德是纽约大学的一名教授，他在纽约大学从事信任与管理问题解决有效性的研究工作。他在研究报告中做了以下陈述：

很显然，在信任度较低的团队里，人员之间的关系会干扰到对问题的感知。工作人员的精力和创造力都从寻找合适的、全面的、现实的解决方案，转移到了其他问题上。相反地，在信任度高的团队里，社交中将产生更少的不确定性，而问题也会得到更高效的解决。

关于领导者信任这个问题，《团队领导力的自我实现》的作者泰

第十一章
公立学校和私企之间的异同

勒·麦康纳尔这样说过：

最具有生产力的人是最值得信任的人。如果这句话听起来让人觉得很不可思议，它正好就显示出了信任的概念是如何被分散的。信任是人类关系中最重要的品质之一。没有它，人类所有的交际，所有的贸易，以及整个社会都会消失。

而在教育这一块，布拉泽和卡比发现在校长身上，最有影响力的特质是他们所表现出来的诚实、乐观以及关爱，而这所有的一切都将会帮助他们，建立彼此之间的信任关系。在信任的基础上，教师们才会开始团结合作，教师们也才会有满足感,最后才会更加努力。其他学校的案例也说明了，校长是建立信任的关键，校长通过表现信任以及在学校里培养一种信任关系的文化来实现这一点。

卓越校长如何建立信任

我们对卓越校长的采访证实了，他们是如何表现并建立信任的。昂普休斯校长在他的教师队伍中培养了领导力，而在这样做的时候，他就向这些教师表现了他对他们能力的充分信任。反过来，教师们也更加信任他。

昂普休斯校长：我所做的，只是让人们都参与进来。我从不以领导自居。我觉得我自己也只是这个学校所有管理人员中的一个而已。我自己都不记得，有什么时候完全是由我自己一个人做决定的了。事实上，有些时候，教师们做了主要的决定，而我也只是表现出我的认同而已。我想教师们正是在这样的时刻，获得了鼓舞。所以当他们有任何想法的时候，他们也就不会因为畏惧而不敢来找我商量。

参与性管理和专业学习社区

我们在决策分享这个领域里看到了两点：参与性管理和专业学习社区。

参与性管理

我们研究的所有校长都描述了他们团队合作的过程。除了我们在早前对W. 爱德华·德鸣的自我管理小组和麦克·施莫克对于流程的支持的引用外，还有其他许多学者也开展了与这个课题相关的研究。在参与性管理方面，人为激励以及激励在工作满意度和生产力方面的影响，一直都是几个具有重要研究意义的关注点。布莱克和麦肯斯发展了他们"领导力网络"的理论。在这个网络中，最被大家认可的领导力类型是，由团队进行管理，通过有共同意识的人一同来完成工作，大家有共同的目标并相互依赖。在最近的一项研究中，金说过，"参与是那些在阶层上不能享受平等的人员之间所进行的一项分享影响力的过程。"Kim的研究来自于1999年克拉克大学在内华达州所做的一项由1576名员工参与的员工调查。这项研究的结果表示，领导者对于参与性管理的使用都与高水平的工作满意度有正向关系，尤其是当一个全面整体的过程中存在着有效沟通的时候。

在一项有关学校改革流程的研究中，研究者发现，在目标设定

第十一章
公立学校和私企之间的异同

和决策制定环节中给予员工一定的参与权,会让员工更加积极地工作,也更容易接受改变。他将这种信任归因于对彼此所感到的安全感。在一种彼此信任的环境中,教师和校长都有能力一同通过工作来确认和解决问题。另外有研究表明当一名高效的校长表现出如下三种行为的时候,就说明他们正在支持和分享他们的管理权:(1)鼓励公开表达想法;(2)建立有效的沟通机制;(3)对大家表现出理解。高效的校长鼓励教师的参与,减少潜在的风险和威胁,并促进共同的管理。皮特斯和沃特门认为所有成功的组织都有一个重要的特点,那就是在他的成员之间分享一种共同的意识,即他们希望完成的事业。

艾伦、格利克曼和汉斯莱在乔治亚州的学校发现,通过赋予教师在学校管理方面的发言权,提高了学生成绩,降低了辍学率,甚至提高了学生的批判性思维能力,并改善了校园环境。

专业学习社区

最近,在我们之前所提到的有关参与型管理和决策分享的理念中,又出现了一个新的词汇"专业学习社区"。我们之所以会在这里讨论它,主要是因为现在在加利福尼亚州以及全国范围内,正在大面积地学习和推广这种专业学习社区。但在我们对校长们的采访中,从没有任何一位校长在谈到他们的决策制定时,使用过"专业学习社区"这个词汇。与此相对地,像"团结合作"以及"小组工作"这样的词汇却常常出现。而今天,出于我们对训练有素的文化、刺猬理念以及关系建立,还有与之相关的其他方面的重要性的考虑,

From Good Schools to
GREAT SCHOOLS

我们对专业学习社区和团队合作之间的不同有了浓厚的兴趣。从理查德·杜富尔的书中，我们知道专业学习社区将团队合作、年级小组以及学部的概念都提升到了更高的一个层面。也没有任何一句话能够比杜富尔的这句"简单的转变——从教学上的关注到学习上的关注"更能清晰地描述从团队合作到专业学习社区这种思想上的转变了。而人们在专业学习社区中所做的工作，实际上也是结构性地围绕着三个问题来展开的：

我们希望学生怎样来学习？

我们怎么知道每个学生的学习情况？

当学生遇到学习困难的时候，我们应该怎么办？

卓越校长通过听课来进行管理

通过对成功校长们的采访，我们有充足的理由相信他们正是以这三个问题作为基础来和他们的教师开展合作的。我们注意到他们在书大多数的章节里所提到的团队合作都和专业学习社区具有相似性，他们只是在采访中没有使用这个名词而已。我们同迪斯普林校长的谈话就是最好的例子。她回答了她们希望孩子们如何去学习这个问题：

迪斯普林校长：我给你举个例子，来解释一下我们制定教学决策的流程吧。在今年刚开始的时候，在我们的教师培训期间，我们大家聚在一起，并针对如何更好地教授加州标准课程进行了头脑风

第十一章
公立学校和私企之间的异同

暴,这个头脑风暴的实践活动非常成功。最后,我们都赞成在即将开始的新学期里,实施一部分我们在头脑风暴中觉得比较好的方法。我告诉教师们,我非常期待,在他们的课堂中看到这些方法。

接着她谈到了她和她的员工是如何知道学生的学习状况的:

迪斯普林校长:在那一学年的年尾,我们以小组的形式集合起来,查看当年的加州标准考试结果。

最后,她回答了当学生遇到学习困难的时候,他们是如何处理这个问题的:

迪斯普林校长:这是最激动人心的部分了,我们会集中在一起讨论,并制定出改进这些学生学习情况的方案。然后,我会告诉他们,我会随时听课,并看看他们有没有按照我们的计划来进行教学。

听课促进教师成长

我们采访的每一个校长,都提到过将"(我)经常听课"作为他们的首要工作。有关领导者经常进行巡视的这种理念不仅在企业有关的材料中经常出现,同样也经常出现在教育理论中。通过巡查来进行管理,是大众管理中一种非正式的监督行为,同时也是商业活动中经常进行的一种实践活动。在皮特斯和沃特门所进行的有关卓越公司的八个特质的研究中,有一项特质名为"亲力亲为,价值驱动"。经研究发现,具有这种特质的公司的首席执行官们,会经常巡查他们的工厂以及店铺。拉里·法郎士发现校长频繁的听课和巡查可以提高听课教师以及其他教师的课堂效率，同时改善教师对于组织效率的意见。切斯特和鲍丁研究了，城镇学校中校长在新聘教师课堂的出现率情况，在这项研究中发现校长的听课不仅提高了听课教师的自我效能，同时还提高了其他教师的自我效能，最后提高了全校的工作效率。而在最近的研究里，更多的证据表明了，校长经常听课对提高听课教师的效率、听课教师所处小组的效率，以及教师的价值观，教师的职业发展，以及教师间进行交流体会的重大影响力。

一系列的研究都证实了，当校长经常出现在课堂里解决课程设置以及课堂教学的问题，将课程设置以及教学当作他们的首要工作任务的时候，就会提高教师对校长工作效率的满意度水平。

多年来，教师和家长都将学生缺乏自律和对教师应有的尊重当作改善教育质量、提高学生成绩过程中最大的障碍。20世纪80年代的一项研究表明，校长在课堂的高出现率以及他们将课程教学作为学校的首要工作，与提高学生的自律性以及学生对于来自教师或校长的建议或批评的接受度有着高度的联系。而安德鲁斯、索德、雅各布、海林格尔和赫克的研究表明，校长的听课和对教学的重视，给那些来自低收入家庭以及成绩较差的学生带来的益处相较其他学生要更大一些。

听课熟悉学生情况

我们研究的所有校长——包括卓越的校长和比较组的校长，都提到过将听课作为保证教师持续关注学生进步的主要方法。虽然如

第十一章
公立学校和私企之间的异同

此，这项活动要取得最大的功效，还需要校长们的个性特质作辅助，这些个性特质我们已经在前面几章里验证过了。举个例子，福克斯校长将驱动学校成功的引擎（教师有效的阅读教学和学生长期的阅读）贯穿在了他的课堂巡查中。

福克斯校长：我基本一直都在课堂里。正式的和非正式的听课都很多。

问题：您在听课的时候，期望看到些什么呢？

福克斯校长：我会观察很多方面，但最主要的，我会去观察教师，是不是能够有效地教给学生阅读技巧。我也希望，能看到学生有一定的时间，进行自主阅读。

本章的目的在于介绍很多学者都进行过的讨论，在教育界和商界之间的领导力方面，到底有哪些不同，又有哪些相同。我们在本章里的讨论，所使用的信息都来源于我们在前面几章中对成功校长们所进行的研究，而这些内容也将对教育改革起到一定的作用。

思考

请解释一下"学生不是产品"这句话是如何帮助21世纪的学校管理者开展工作的。

请解释一下一种充满信任的、积极参与的管理方式和一种专业的学习社区，以及频繁的随堂听课是如何相互作用的？

给校长的建议

建立信任关系

- 表现出你的诚实。

- 表现出你的乐观。

- 表现出你是经过仔细考虑的。

- 在员工之间建立领导层,与此同时,表现你对他们工作能力的信任。

- 在员工、学生以及家长之间培养一种彼此信任的关系。

提高参与性的管理和建立专业学习社区

- 在设立目标、解决问题以及制定决策方面,给员工提供充分的机会来展示他们的重要性。

- 鼓励保持开放的思想。

- 为有效的沟通创造条件。

- 鼓励教师参与,减少具有风险和威胁性的问题。

- 将注意力从教学转向学习。

- 将杜富尔的三个问题,在全校范围的谈话中进行推广:

　　我们希望每个学生如何学习?

　　我们怎么知道每个学生是否已经学会了?

　　当学生在学习中遇到困难时,我们应该做些什么?

第十一章
公立学校和私企之间的异同

经常观摩课堂教学

• 安排好每一天的听课时间。

• 听课的时候,将注意力集中在课程和教学方法上面。在听课之前,和教师就关注点提前进行沟通。

• 不管是正式还是非正式的听课,向教师讲清楚你听课的目的是为了评估还是为了提供帮助。

12

第十二章

如何培养卓越校长

　　由于我们至今都还没有发明出一种工具，能够让每一个普通人都具有竞争力和表现力，因此，教学对于我们人类而言，是最为重要的职业。而在教学上，我们一直依赖的是那些有"天赋"的人，他们天生就知道应该怎么做……虽然如此，但是大家所不知道的是，有天赋的人能做到的正是我们其他人所没有做到的。

——德鲁克

在过去的25年里，据可观的数据表明，校长在学校的成功，以及学生的成就中，扮演着极为重要的角色。但是，听起来可能有些奇怪，以研究为基础的、有关如何成为卓越校长的书籍却少之又少。

美国ISLLC标准

就在我们刚刚开始着手准备位于圣地亚哥州立大学（SDSU）的新校长预备项目不久前，我们才意识到，我们严重缺乏来自于实践环节的数据信息。而我们需要特别说明的是，也就是在这个时候，教育领导系正在试图调整校长预备项目，来应对由加州教育部所颁布的新标准。而从这个新的标准来看，它只是将从前旧的内容做了一些新的编排。而我们很多的姐妹学校也正在根据新的标准，修改他们的预备项目，不过实际上，项目的核心内容仍和从前一致，没有任何实质性的变动。我们的项目甚至在课程目录上都和以前的一样。

加州所采用的新标准，是经过州际学校领导认证协会（ISLLC）改进后，再经过加州政府修订认定的。而标准的制定则是由州立校

第十二章
支持以研究为基础的校长预备项目

长理事会以及国家教育政策管理委员会联合承担的。公平地说,这项标准的制定数据都来自于实际研究。不过,正如我们在前文所提到过的,事实上却并没有太多可靠的研究存在,所以这项标准的制定者所主要依据的,还是一些典型的案例信息——通常这些信息都是作为最好的实践案例而被大家所熟知。这项新的标准已经通过了在职行政人员、专家以及其他教育企业的领导人审核。而标准的内容也与那些应该被纳入预备项目的内容保持一致,它所缺失的只是以学生成绩——学校的终极使命作为相关的研究基础。换句话来说,就是我们一直都没有足够的、坚实的材料可以证明——所有的,或者大多数的ISLLC的标准是对培养高素质的行政人员有效的。

而在州里,对于认定新的ISLLC标准的流程也同上面一致。我们有幸被邀请作为加州学校管理委员会的代表来参与这个过程,并花费了一天的时间来改善加州版的ISLLC标准。这项工作聚集了很多教育界及各个领域的人士来参与,这些人员在教育领域内有着不同的经历,包括一些教育管理专家、员工工会代表,以及在职的教师和学校行政人员。经过一个多小时的讨论,我们确信在场的人员中,仅有少数的人员有资格来参与培训或者有经验来参与建立一个针对学校领导者的标准。而在那天,也没有任何有关提高学生成就的头脑风暴活动或者谈话活动。一整天的审查活动都相当地令人惊讶和单调。而在那之后,由于我们一直在思考我们在SDSU的项目重建工作,因而我们会禁不住想起那天的事。

我们相信柯林斯在《从优秀到卓越》中，所使用的领导力的研究方法是非常合理的。他和他的同事们认准了卓越企业和企业领导人的个性行为之间的联系。而这也是很多ISLLC标准所缺少的内容。我们的研究项目仅仅是对于柯林斯在卓越的企业领导力上的研究方法是否适用公立学校这个问题的初步回答。我们的答案是，除去将注意力关注在获取利润方面，其他都是适用的。

美国中部教育学习研究

最近，另外一个机构也开始了教育领导力问题的研究，并提供了非常关键的研究信息。这个名为中部教育学习的研究（McREL）发展了McREL'S的平衡领导力框架，致力于提高"应用于校长预备项目、获得许可资质以及职业发展等方面的ISLLC标准的使用价值"。而这个领导力框架实际上涵盖了21条校长职责，以及66个相应的领导实践项目，据统计数据表明，这66个实践项目与学生的成就有非常紧密的联系。McREL的发现，来源于70个以云分析为目的的研究。这些研究代表了2894所学校，近14000名教师和110万学生。如果说样本大小就可以代表一切的话，那么这将是最具有影响力的研究。表12-1表明了此框架。

一项对McREL的责任和相关实践项目的测试表明，其中许多的实践内容同柯林斯在他书中所描述的卓越经理人所开展的活动一致。这些数据究竟是怎么和柯林斯的发现一一对应的，对此我们也只能表示惊奇。

第十二章
支持以研究为基础的校长预备项目

表12-1 McREL的平衡领导力框架 责任、平均系数r以及相关实践

责任	定义：校长所需要做到的程度	平均系数r	相关实践
批准	认可员工的成就并为员工的成绩感到高兴，同时也让大家了解失败的原因	.25	1. 系统地并公正地认可并庆祝教师和员工的成绩 2. 系统地并公正地认可并庆祝学生的成绩 3. 系统地并公正地认可并庆祝学校的成绩
推动变革	希望并积极改变现状	.30	1. 有意识地挑战现状 2. 对于未知的结果，仍然能够主动地迎接挑战，做出改变 3. 系统地考虑新的和更好的做事方式
交流	同教师建立强有力的交流圈，同其他影响学校成功的人员保持良好的沟通	.23	1. 和教师及职工进行无障碍沟通 2. 为教师和职工之间的沟通提供有效的沟通桥梁 3. 同教师和职工保持畅通有效的沟通
论功行赏	能够识别和奖励个人成绩	.15	1. 识别杰出的人才 2. 将成绩和资历作为奖励的基本标准 3. 将努力工作和工作的成就作为奖励和认可的基础
文化	培养共同的信仰，具有团队和合作意识	.29	1. 在教师和职工间提倡团队合作 2. 提倡幸福康乐 3. 在教师和职工间提升凝聚力 4. 让大家对于工作的目标有清晰的认识 5. 让人们都清楚地了解我们的学校可以成就什么
课程，指导，评估	直接参与到课程设计、课程实施、教学指导以及评估测试中	.16	1. 同教师一同发现、解决问题 2. 保护教师一同参与到评估测试中
纪律	保护教师不受那些会分散他们教学注意力的问题的干扰	.24	1. 保护教学时间不受到干扰 2. 保护教师不受影响的干扰

续表

责任	定义：校长所需要做到的程度	平均系数r	相关实践
灵活性	根据当前的形式，调整自己的领导方式和行为，并对这种调整感到舒适	.22	1. 改变主要工作的方式，并对此感到从容不迫 2. 鼓励人们提出意见，即使这些意见与当权者的意见不同 3. 调整自己的领导类型，以适应特殊的情况 4. 根据情况，进行或不进行指导
关注力	建立清晰的目标，并将学校的工作紧紧围绕这些目标进行	.24	1. 建立较高的，但却实在的目标，并期待学生可以达到此项目标 2. 为所有的课程、教学和评估都建立较高的，但实在的目标 3. 为了学校整体有效的运行，建立实在的、有效的目标 4. 让每个人的注意力都关注在建立的目标上
理念/信仰	从有关学校的理念和信仰开始交流和操作	.25	1. 对学校、教学以及学习坚持强有力的信仰 2. 和教师、职工以及家长分享关于学校、教学和学习的信仰及理念 3. 保持言行一致
输入	让教师参与到重要的决策和政策的制定和实施中	.30	1. 为教师和职工参与重要的决策创造机会 2. 为教师和职工参与政策改良提供机会 3. 让学校领导小组参与到决策制定中
智力激发	确保所有的员工和教师都掌握到最新的理论和实践知识，并开展这方面的讨论，将其作为学校日常文化的一部分	.32	1. 对于涉及到有效学校管理的理论和研究，时刻保持更新 2. 让教师和职工耳濡目染那些有关如何提高效率的理念 3. 让教师和职工系统地参与目前的研究和实践的理论 4. 让教师和职工不断阅读有关有效实践的书籍

第十二章
支持以研究为基础的校长预备项目

续表

责任	定义：校长所需要做到的程度	平均系数	相关实践
掌握课程、教学以及评估的知识	对于目前的课程设置、教学指导，以及评估实践，具有丰富的知识	.24	1. 对于目前的课程设置、教学实践具有丰富的知识 2. 对于评估测试具有丰富的知识 3. 为教师有效提高课堂实践，提供有价值的指导
监督/评估	监督学校实践的有效性，以及他们对学生学习的影响	.28	1. 监督和评估课程的有效性 2. 监督和评估教学的有效性 3. 监督和评估测试的有效性
乐观	鼓励并引领新的、充满挑战性的创新	.20	1. 激励教师和职工完成在他们能力之上的事情 2. 向教师们表示，相信他们拥有能够完成重要事情的能力 3. 成为主动性背后的驱动力
规则	建立一系列标准操作原则和流程	.26	1. 为教师、职员和学生提供并推行清晰的规范和流程 2. 为了教师和职工更好地理解和遵循，建立一系列管理学校的方案 3. 确保学校遵循学区以及州立法规
其他职责	作为学校的代表向学校的掌权人发言	.28	1. 代表学校在社区的利益发言 2. 为了提高学生家长对学校的支持度，积极地同家长进行交流 3. 确保中心办公室了解良好的重要的学校的成就
建立良好的关系	表明自己意识到了教师和职工的个人方面	.19	1. 意识到教师和职工的个人需求 2. 同教师和职工保持良好的私人关系 3. 了解教师和职工的重要的个人问题 4. 了解教师和职工生活中的重大事件

续表

责任	定义：校长所需要做到的程度	平均系数r	相关实践
资源	向教师提供对于他们的职业发展非常有利的物质和专业发展计划	.26	1. 确保教师和职工都有必需的教学设备和材料 2. 保证教师拥有必需的、可以直接提升他们教学能力的职业发展机会
了解情况	意识到学校目前的具体情况，并解决当前存在的潜在的问题	.33	1. 意识到教师和职工之间非正式的团队和关系 2. 意识到学校存在的但还没有发生的，将会引起重大影响的问题 3. 从每天的工作中预见潜在的问题
掌控全局	和教师、学生进行联系和互动	.16	1. 进行系统的、频繁的听课活动 2. 了解与学校相关的一切 3. 和学生经常保持联系

注意：表中系数r来自于McREL的领导力和变化系数分析。

第十二章
支持以研究为基础的校长预备项目

寻找卓越

柯林斯在它的研究中所使用的方法其实并不新鲜。举例来说，在1982年，皮特斯和沃特门在他们的著作《寻找卓越》的前面章节中，就已经做过介绍，描述了"美国最佳公司"经理人的八个准则。以下是这八个准则：

1. 积极的行动力和决策力。
2. 贴近客户，向客户学习。
3. 培养创新意识和团队领袖。
4. 利用人员提高生产力。
5. 利用价值观来实施管理。
6. 做好主营业务。
7. 形式简单，精简人员。
8. 在保证核心价值的前提下，给予员工自主权。

皮特斯和沃特门在判断成功公司的时候，也使用了一种和柯林斯用过的相似的方法；而且他们两者在使用的判断标准方面也非常相似。

我们注意到柯林斯的很多活动和行为，在皮特斯和沃特门在19年前有关领导力的著作中都已经介绍过了。表12-2将《从优秀到卓越》和《追寻卓越》两书中卓越的首席执行官的特质和美国最佳公司的特质进行了比较。

值得注意的是柯林斯所提出的刺猬理念正是对皮特斯和沃特门推荐的关心主营业务的延续。另外，在有关给予员工一定自主权方面，也和训练有素的文化相似。

表12-2 柯林斯领导行为同皮特斯和沃特门领导原则的相关性

柯林斯领导行为	皮特斯和沃特门的领导原则
"先人后事"	通过管理人员来提高生产力
	形式简单，精简人员
接受现实	积极的行动力和决策力
刺猬理念	关注主营业务
	靠近客户
训练有素的文化	给予员工足够的自主权
	提倡创新精神
	利用价值观来实施管理

从企业领袖身上能够学到的

在企业中工作过的人都很清楚，在商业领导人身上存在着很多值得我们学习的地方。我们同样也认识到在教育领域中，教育管理比商业管理要复杂得多。在柯林斯最近的著作《社会机构：从优秀到卓越》中，柯林斯公开承认"我们必须拒绝这样的理念，在社会机构中要想成功就需要像商业机构那样来运行，这种想法虽然得到了广泛的关注，但绝对是错误的。"

虽然商业行为中的规范准则并不适用于公立学校，但是成功领袖的原则却是适用的。不仅如此，有证据表明领袖的成功原则和提升学生成绩也有着直接关系，而这正是公立学校的使命。

第十二章
支持以研究为基础的校长预备项目

我们要进行怎样的改革

目前的行政预备项目涵盖了学校法规、学校财务、人事管理、管理准则，以及课程管理等一系列的课程。从某种程度上说，这样的行政预备项目是非常适宜并受到大多数人拥护的。毕竟，大多数的学员都会认同，了解自己工作区域的学校法规是非常重要的。我们当然也是这样想的，所以，在很大的程度上，我们也是这样来做的。我们相信这些基础知识是非常重要的，但是我们认为，一个行政预备项目所需要的远不止这些。

我们对成功校长的研究是很有限的，而且，也不能作为最终的结论。在得出最后的结论以前，还有许多的研究工作需要进行，这些工作将继续以领导者的行为和个性为中心进行研究。即使如此，我们的研究还是得出了一个很好的结论，那就是柯林斯在《从优秀到卓越》中所做的研究，对于学校领导者必须了解的知识方面做出了很好的指引。一个成功的校长预备项目，应该将校长的行为和个性特质，作为其中心来发展提高。因为校长的行为和个性特质才是影响一所学校最终能否走向成功的关键。换句话来说，这个项目应该将注意力集中在，卓越的校长是如何开展行动以及他们做了些什么来改善学校的状况。而这就要求我们首先接受，用以研究为基础的标准，来取代旧的经验为基础的标准。否则，我们将一直胶着在现状里，更糟糕的是，我们很有可能成为以盈利为目的的私人机构的一部分，并将失去支持民主、寻求社会公平的传统角色。

ISLLC标准和社会公正

最近，芬威克·茵格里对ISLLC标准的概念提出了强烈的反对。"为了提前确认目标的范围，目标都需要满足这个工作的固定的要求。当一个角色的职责被固定了的时候，那么学校和他们所服务的社会的功能也一定会被固定"。英格里斯就这方面举了一个很好的例子，证明了这样一个观念，ISLLC标准实际上是将学校和社会看作了一个静止不变的实体。他们对现实的情况作了进一步补充。"而在这种混乱的情况下，正如我们所看到的，社会秩序同样也是固定的"。不久以前，美国教师教育鉴定委员会认可了ISLLC的结果。自从委员会向大多数行政培训项目颁发了许可证之后，这些大学里的设计者们（为州项目进行设计的人员，以及所有相关的人员）都开始紧锣密鼓地按照新的标准调整他们的项目设计，并将这项标准纳入他们的项目设计指南中。我们可以想象，这将产生多么深远的影响力。

为了教育领袖，改革预备项目

那么这些，对于学校的行政领导预备项目，到底又有什么影响呢？一方面，它意味着所有的学院和综合性大学都必须培养出能够面对这种独特环境，并坚持获得成功的教育领袖。我们当然知道这是一项非常艰巨的任务，但是我们必须做到。另一方面，我们也同

第十二章
支持以研究为基础的校长预备项目

样需要改善行政预备项目的公众形象。当我们向大多数卓越的校长询问他们对预备项目的看法时，他们的回答都非常地委婉。

邦德校长：从好的一面来说，这个项目是建立起关系和网络的一部分，但它并不是实际的工作，或者实践项目，又或者说它只是为我们划了一个圈，但是真正要做什么还是要看我们自己。当然它也为我们这些，在将来会成为校长或管理人员的学员提供了认识交流的机会。而从另一方面来说，我们从来没有真正地看过这个研究到底说了些什么。举个例子，这些研究就员工会议是怎么说的？我从来没在材料里看到过。

许多校长都提过，在整个行政预备项目里，最有价值的部分就是它有可能帮助人们建立一定的社交网络，邦德校长是这些校长中的代表人物。有人可能会想问，如果是这样的话，那么建立一个保龄球联盟不是也能起到培训校长的作用吗？

目前，在利用有经验的行政管理人员授课方面，常常会被标记为可选的内容，特别是在一些以传统方式进行授课的课堂上。在职的行政人员一般都会在课程结束后，留下联系方式，并与培训方保持联系。所以，如果一个项目的职责，是为了帮助行政人员准备好将来的工作，尤其是面对目前的教育现状，那么富有经验的人员的实践课程，则显然具有更大的意义。

From Good Schools to
GREAT SCHOOLS

挽救我们的学校领导项目

我们中大多数人都很清楚，并不是每一个经过学习的人都能够成为伟大的领导人，但是我们的预备项目，必须要给那些有机会成为伟人的人提供可能。许多在职的管理人员经常抱怨，目前的预备项目只是简单地通过付费，请一些成功人士来担任领导，而将真正的问题跳过去，实际上，这样的行为造成了更大的损失。那么，在我们刚刚谈到的研究和专业对话中，在改良项目方面，还需要涉及到哪些内容呢？我们的研究表明，行政预备项目的改进需要从两个方面进行——教学法和课程设置，详见下文。

教学法

1. 导师辅导制。在校长的采访里，基本上所有正面、积极的部分都是和导师相关的。我们采访的卓越校长们给出了以下观点：

邦德校长：哈里·古德曼曾经是我的导师，当然他现在也是。他有许多的至理名言。我第一次见到他，还是在1983年，我刚刚成为本地的PDK（美国优秀大学生全国性荣誉组织）的成员。那个时候他是我的担保人。我非常感谢他，他总是能从将来不确定的事情中找到一些积极的东西。

昂普休斯校长：有一位校长让我相信，来这儿是正确的选择。从前我们每周都在一起吃早饭，谈论一些学校的事和怎么处理那些问题。

第十二章
支持以研究为基础的校长预备项目

佩斯维尔校长：我的学区指导员是一个我随时都可以打电话的人。我很欣赏她，而且我们的工作方式也很相似。她和我之间仅仅就只有一个电话的距离。可以说，我们是互为导师的。我们相互听取对方学校的情况，然后分享一些各自的经验。

艾斯柏林校长：我的导师是学区的监管人。是他督促我成为了一名校长。他让我认识到，作为校长，我可以给学校带来一些改变。他非常重视并相信员工的职业发展，即使不是作为教师。只要我需要意见，就算是现在我也可以去找他。

福克斯校长：我以前的导师叫格兰·希尔里斯。格兰是我曾经待过的学校的校长，后来，他成为了学区的副监管人，而我成为了课程协调员。格兰用他自身的例子向我解释了什么是"专业地对待他人，并按照他们所需要的方式来支持他们的工作，而这是非常重要的。"这也是我所一直相信的。他真的是一个非常出色的人。他还教会了我如何进行预算，合理地使用拨款。

迪斯普林校长：前任的学区监管人曾经是我的导师，他非常地信任我，并且给了我所有我需要的支持。

不管是在私人企业还是在公立机构，导师制都为机构的发展带来了积极的意义，这种积极的意义主要体现在两个方面：第一，导师制是一种非常有效的职业发展和员工管理培训工具；第二，导师制为企业机构带来了大量的好处，比如，保留了有价值的员工，为机构的发展培养了后续人才，并且增加了组织认同感。

2. 全程贯穿实践项目。从对校长的采访中我们发现，在校长培训项目中，有些部分得到了比较好的评价——最显著的是在现场实践这个部分。培训项目中的现场实践被普遍认为最具有实践性和相关性。大多数的校长候选人都对此持积极的态度。有一位校长甚至这样说道，"（这个项目中）实践课程是最有意义的部分。"

在一项有关全国校长的研究中，校长们讨论了他们所接受过的培训项目，以及他们认为对他们今后的工作最有利的项目内容。将他们所接受的培训细节忽略不计，绝大多数的校长都认为他们学到了与他们实际工作有关的教学技能。而在行政培训项目中，与实际工作最具有相关性的课程就是现场实践。

从整体来看，现场实践课程因地区不同可能有较大的差异。有些与前期的课程有很紧密的联系，并且它只是为了实践课堂教学理论而建立的一个实验室。而其他的一些则可能没有这么强的相关性。作为我们从对校长采访中所得出的结果，经过我们反复对大量的实际经验的思考，我们倾向于将培训前期课程和后期的现场实践进行细致的整合。这就要求能有一个合作小组，将课堂与实践项目进行很好的协调。这导致了更多的工作，但却非常有价值。不管怎样，将项目设计忽略不计的话，我们的校长候选人在亲身实践方面，都做出了明确的答复。他们都认为，现场实践是非常有价值的——我们也同样这样认为。

3. 使用以问题为导向的解决方法。在行政预备项目中使用以问

第十二章
支持以研究为基础的校长预备项目

题为导向的解决方法，为有天赋的校长候选人们提供了调查、研究和在实践模式中学习的机会。在有些书中，已经有了提高使用这种方法能力的介绍。组织和协调这种以问题为导向的解决方法不仅非常消耗时间，还需要大量对高级课程的准备工作。但是，使用这种方法的效果也是显而易见的。对于校长候选人而言，他们不仅仅是参与了这些工作。更重要的是，随着合适的教授的指导，他们能够学到并将实践那些正确的事情——我们在前面的研究中已经提到过的正确的行为，而这些行为的结果就是成就伟大的校长。

4. 专注研究。我们很多的毕业生都只是从二流的大学毕业，所以他们也就缺乏相应的、精确的研究技能和为了能够成为学术领袖而必需的学术背景。在大学里，我们接受这样事情的发生。原因是什么？因为我们必须争夺校长候选人。如果我们向他们严格地要求学术研究背景，那么他们就会去其他的地方。虽然如此，实际上，这种做法是完全错误的。如果说这些预备项目对校长候选人将来的工作真的起到了帮助，那么这些候选人就会选择更加高阶的预备项目来进修。作为前任的学区监管人以及课程主任，我们非常珍视准备良好的候选人，并且，我们不会允许校长候选人去走捷径。大多数我们认识的卓越校长们都同意这一点。

预备项目课程

1. 摒弃神话。换句话说，就是将经验数据作为行政管理工作的指南。使用上机时间来收集信息并决定如何来使用这些数据。纵观历史，神话总是被用来支持现实的。在学校领导的预备阶段，课程学科应该包括对原理和事实的严格验证，而这些事实则正是我们学校建立的依据。比如，以州和全国标准测试为依据进行分组和分级，并通过教师评估系统来确认学校的规模。

2. 教授必要的人际关系技巧。在我们研究过的卓越的校长行为中，最显著的是，他们都能够建立强而有力的人际关系。与大众观点相对的，我们认为建立人际关系的技能是可以通过学习而得到提升的。预备咨询部在这个方面已经做了很多年的工作。他们将它称为咨询实习，顾问学员都会学习如何同客户个人或者团体建立良好的关系。当然并不是每一个候选人都能够完全掌握这种技能，但是有天赋的可以——而且，他们也确实需要这样一个项目来提升这种关键的领导技能。

3. 向成功人士学习。这正是我们这本书的开始。一个为了培养卓越领导人的项目，当然应该关注卓越的领导人到底做过些什么。所以在预备课程中既应该包括像尼科络·马基雅维里和亚伯拉罕·林肯这样的伟人，也应该包括那些带领学校从优秀到卓越的成功校长。这个想法并不算新颖。自从有了战争之后，我们就一直这样教导我们的军队领袖。现在是时候来使用这种技能提升我们学校的领导人了。

结语

我们这本书的研究核心关注了一小部分杰出的学校校长。学习

第十二章
支持以研究为基础的校长预备项目

领导力的人，早就意识到一个人必须向成功的人士学习，只有这样才能真正知道什么是卓越的领导力。五百年前，马基雅维里在他的时代就建议领导人，应该研究最出色的领袖的品德和自律性，以此来寻找他们身上最值得学习的个性特质。在那个时代，他就劝告他们模仿先人。今天，我们的商业领袖已经清醒地认识到领导力在塑造我们国家商业版图上的核心地位。同样地，今天的学校领导人也认识到这些是能够影响成功的重要因素。如今，这些结论已经成为使学校行政人员具备强大专业技能的新动力。

从我们的采访来看，我们的卓越校长和吉姆·柯林斯所研究的明星首席执行官们有着太多的共同点。同样，我们也发现，他们虽然都有着不同的个性，但是我们研究的所有卓越的校长，在同他们的员工建立良好的人际关系中都占据了绝对重要的地位，而且他们也都非常善于此道！如果说学校基本就是一个人际关系公司，我们也似乎不会觉得惊讶。而在这样一个公司中，只有他们的领导人非常善于在员工中建立人际关系，这才是说得通的。不仅如此，通过我们对校长仔细的观察，以及对他们个人素质和行为的细致检测，正如柯林斯在他的著作中对他的首席执行官们所做的研究一样，在最终的分析中我们发现，这些测试都表明了他们的这些个人素质和行为，展示的都只是人与人之间关系的各个方面而已。

在本书第一章开篇的时候，我们提出了这样的问题，"我们明明知道要做什么，那么我们为什么还是失败？"简单地说，答案就是，

From Good Schools to
GREAT SCHOOLS

只有有些校长可以引领成功,而其他人则不能。从优秀到卓越的研究已经揭示了个人特质方面在领导力上的价值,这些个人特质正是将我们出色的商业领袖同其他人区别开的主要特质。我们的研究认为,《从优秀到卓越》的研究同样也适用于学校的领导人。在改善学校行政预备项目上,实在是有太多可以学习的地方。而我们在本章中所提出的对于行政预备项目的修改建议,也是我们这三年研究的成果。这项研究的目的在于鼓励人们在改善行政预备项目方面,进行更多的、更深入的、持续的研究和努力。

在本书中所使用的采访方法,最先是使用在《从优秀到卓越》中柯林斯所研究的公司中,然后才是使用在我们对卓越校长的研究中,这种采访方法对于校长的预备项目做出了很大的贡献,我们对此表示感谢。我们在采访中所使用的采访问题,可以用来帮助激励校长,发现他们自己的以及其他员工的优势和擅长的领域,对他们的个人成长有所帮助。以问题为主导的学习项目和研究案例,可以通过让领导力学员对从采访的数据中收集的信息进行改良和分析,让人们更容易理解在卓越校长身上所存在的行为和性格特质。我们在这本书中已经就人际关系是成就卓越校长必备的技能之一做了深入介绍。学员们在这方面对成功校长的研究,可以更好地帮助他们掌握这些不同的校长到底是如何建立起人际关系的。现在是让我们重新思考如何让我们的预备项目将更多的关注投放在个性培养上的时候了。

第十二章
支持以研究为基础的校长预备项目

> **思考**
>
> 假设您正负责设计一个新的校长预备项目,您会怎么来处理这个任务?您觉得您需要哪些资源来协助您完成这项设计工作?而在您完成这项工作的时候,您觉得您还需要些什么来帮助您执行这项计划?

> **给校长预备项目计划的建议**
>
> - 重新设计校长预备项目,将学校行政管理中的人际关系方面作为重点。向学员传授第五级经理人的特质。按照马基雅维里建议的去做,向前人学习。
> - 用已改进过的基础知识来支持校长培训方面的咨询和引导,以此来提高校长的人际交往技能。要求预备校长参与咨询实践项目,以此来提高他们建立关系的能力。
> - 让预备校长们理解同广大的员工建立和维持良好的人际关系的重要性。
> - 向预备校长们提供具有可行性,以问题解决为核心的实践项目,这些项目的核心在于发展、强化以及培养员工之间的团队合作精神,鼓励他们共同解决问题。将这些以解决问题为核心的项目,列为相关实践以及实习的核心内容。

- 向预备校长们提供一些调研策略，让他们能够了解他们的员工，以此为依据帮助他们做出专业的考量。向预备校长们提供专业的技术支持，协助他们完成他们认为最重要的工作。

- 将以上提到的策略和技术，作为帮助员工实施和建立成功学习体系的一部分，同时也让员工清楚地知道他们的缺点、弱项以及失败之处。

- 让预备校长们具备相应的策略和技术，让大量的教师可以参与到计划和组织教学中，提高他们在这方面的能力。而教学能力的提升包括了课程设置和项目测评两方面。让预备校长们具备足够的知识和必需的特殊技巧来创建一个具有自我诊断、自动纠错，以及自我更新能力的员工团体。

- 协助预备教师创建每日和每周日程、每日听课计划，并和学生建立正式的联系。

- 强调通过家长团体对社区的支持和积极参与，来影响社区的重要性。

- 最后，千万不要忽略法律、经济、领导力以及课程研究的作用，只是尽量将他们的影响力减到最小。校长们应该了解他们工作中相关的法律、政治、经济以及技术层面的影响力，但经过对结果的仔细观察，仅有这些是无法创造卓越的校长和卓越的学校的。

参考资料 A

研究方法

半结构式定性访谈

在本书中,我们使用了定性研究的方式来进行采访,韦氏词典中是这样描述定性研究的,它包括描述,解释,理解以及对复发模式的鉴别这样几个过程。在柯林斯的研究中,他和他的研究团队也使用了大量不同的方法来收集信息。但是,在他对11家从优秀到卓越的公司的采访中,居于核心地位的方法却是开放式的定性访谈。而在本书中,我们也使用了这样的访谈模式(同时也对采访的问题做了相应的修改,使它能够适用于教育领域),访谈的对象包括一组带领他们的学校从优秀走向卓越的校长,以及一组学校还不错但却始终无法达到卓越的校长。柯林斯将从优秀到卓越中的成功的首席执行官们称为"第五级经理人"。而相应地,鉴于本书的研究对象和目的,我们将那些带领学生的成绩从优秀走向卓越的校长称为"卓越的校长"。

我们的采访可能是使用定性研究方法最广的采访了。定性研究访谈的灵活性和定量研究的严密性相比，更适用于我们的这项研究。在我们和柯林斯的研究中，都特别强调了被采访者本人的观点以及看法。而这也正是我们从校长的谈话中寻找他们工作模式的过程。

柯林斯的研究中，非常具有影响力的一个方面是，它"将系统因素VS抱怨因素的影响归零"。柯林斯从优秀到卓越中的成功领袖和比较组的领袖都面临过相同的困境。与此相似的是，在我们的研究中卓越的校长和比较组的校长也都面临了类似于工会、人事、员工懈怠，以及学生构成多样化这样的问题。尽管如此，正如《从优秀到卓越》中的公司能够从相似的公司中脱颖而出一样，从优秀到卓越的学校也比同类的学校表现得更好。人们常常能够战胜这些系统因素，而做出新的突破。

我们在书中所采用的采访过程是半结构式的。通过使用半结构化的采访，采访人可以从收集的信息中获得更为丰富的理解。这些采访都是在一个开放式的框架下进行的，这个框架可以提供一个专注的、对话式的、双向的交流。而整个采访是采用修改过的柯林斯对首席执行官们的研究中所使用的那些问题来进行主导的（校长访谈问题请参照资料C）。在每一次的采访中，我们都会鼓励参与者提出一些其他的和我们的研究目的相关的话题或者对我们提到过的内容作出补充。另外，我们会将相同的问题的相似答案进行精要提纯，并向后来的被采访人进行验证。通过使用这种开放式的、半结构化的访谈，我们可以找到我们的被采访人眼中与主题相关的和重要的事情。

问卷调查和访谈程序

柯林斯的研究人员通过访谈和材料分析，对56名首席执行官们从以下几个方面进行了考察：（1）管理方式，（2）执行方式，（3）个人生活，（4）五项优先职责。通过人口统计的方式收集到了每一位首席执行官的背景和任期信息。我们将此方法进行了一定的修改后，也运用到了卓越校长的研究中（人口统计信息问卷调查表，请见资料C）。主导采访的问题来源于柯林斯的研究，但是都做过相应的修改，以适应学校领导力的研究。在一些涉及到校长们个性和行为的时候，为了更好理解和提取信息，我们也根据需要增加了一些采访问题。需要补充说明的是，在了解校长们的生活和教育经历的时候，也额外增加了一些采访问题。另外，人口统计信息问卷调查表是在一位没有参加此项调查研究的校长的指导下制定的，我们在他完成之后又做了进一步的提炼。采访的地点和环境，是由被采访人来指定的，采访的时间为1~2个小时。除了一位校长外，其余所有校长的采访都是在他们的办公室中进行的。这位比较组的校长，根据她的要求，我们将采访安排在了她的家中进行。在开始访谈之前，所有的校长都需要完成问卷调查表。访谈期间所有的谈话内容都通过一台笔记本电脑和录音机进行实时记录。在后期有需要进一步解释或补充的内容，我们都是通过电话来联系校长的。

数据分析流程

在这项研究中，访谈参与人的姓名、学校，以及所属学区的名字都使用了化名替代，以此保证参与人的个人信息得到妥善的保护。另外，这项研究过程的各项记录也属于保密信息，只有这项研究的研究人员才能提取原始记录信息。在每次访谈结束之后，电脑记录的信息和录音都会进行比照，保证进一步的准确和完善。

校长们在采访中的原始记录，以及他们在人口统计问卷调查表中的数据信息在完成后，都会被录入ATLAS.ti定性分析软件。所有参与人的采访内容通过这套软件，都将被转换成代码。第一轮编码的分类是以柯林斯对第五级领导者的性格和行为为参考进行的。举个例子，我们提出了下面的问题"您觉得在促进学生成绩方面，最重要的五个因素是什么？"一个被采访人回答中的一个因素是"我们大家都决定作为小组在一到三年级开始实施一个新的阅读项目。在第一年里，我们就看到了成绩。我的教师们应该为此受到奖励……另外，可能我们还有了一点好运气在里面！"这段陈述的内容与柯林斯对令人折服的谦虚保持了一致，于是它也就被解码为令人折服的谦虚。而第二轮的解码就拓展到了对被采访人的其他行为和个性。（例如：同其他人一同分享决策权，建立良好的关系，巡查课堂，信任员工。）我们在前面举的例子也同样体现了被采访人对于决策权的分享，所以在第二轮解码中，它就又有了一项决策分享。在解码的整个过程里，从提出的问题中所衍生出的其他想法，或在被访者的回答中产生的想法，都被实体化了，并进行了更细致的编码，在校长的回答中找出与研究相关的模式。相关的编码都通过分组的形式进行了整合。表A-1展示了应用在这项分析中的程序。

我们在表A-1中注意到，程序的标题都是柯林斯对他的第五级经理人所定义的行为或个性特质。由于校长的回答已经被解码，因此也就有了相应的注解来说明解码归类的原因。而精细化了的解码就为这项研究的数据组织，解释，以及和相关著作之间的关联，分析和做出结论，进行了辅助。

表A-1　总目

总目	相关代码
职业意愿和个人谦虚的二元性	坦诚
	谦虚
	无畏
	催化剂
公司成功的野心	学校优先
	鼓励专业化
	培养接班人
	重视员工发展
	考虑继承人
令人折服的谦虚	将成就归功于他人
	自律
	低调，朴素
	支持员工工作

续表

总目	相关代码
不可动摇的决心	长期的
	有决心的
	具有说服力
	具有感染力
	坚持不懈
	巡查课堂
"先人后事"	自主雇佣权
	有录用和辞退员工的权限
	选择权
	坚持使用自己看中的人
直面现实	分析数据
	通过解决问题来工作
	不屈服
刺猬理念	充满激情
	知道最擅长什么
	知道什么造就成功
训练有素的文化	眼界（计划）
	不纠结在小事上
	关注学生成绩
	给予教师一定的自主权
建立良好的人际关系	人事技巧
	开门政策（听取意见）
	鼓励交流
	员工参与
	分享决策制定权
	教师们团结合作

资料来源：修改自柯林斯。

参考资料 B

采访人员选取

本书的目的在于研究卓越校长们的个性和行为特质，而不是他们所在的学校。所以，首先我们需要对卓越有一个衡量标准。在这里我们对研究对象的选择标准是他们学校的学生成绩，特别是加州学术成绩指标（API）。事实上，学生的成绩会受到很多社会因素的影响，而这些影响因素是校长们所不能控制的。为了能够尽可能减少这些因素对我们研究的影响，我们同时还使用了加州同类学校排名系统。在同类学校排名系统中，学校将会分别从学生流动性，有资质的教师，语言，班级平均规模，多轨制全年课程，种族，以及减免餐费等属于人口统计方面的数据进行比较。在这里需要注意的是，在这项研究中的学校并非来自于一个同类学校比较小组。表B-1展示了这些数据。

表B-1中的数据表明某些人口统计方面的因素可能会对学校的成功带来一定负面影响。比如，全年开放的学校结构和这所学校的成功性之间存在积极的关系，但是通过学生成绩的测试发现学生的母语不是英语却会成为学生成功的障碍。尽管如此，加州的API参评

表B-1 学校背景数据统计

高度成功学校	芒特	密仙	菲尔德	派斯	贝语	亦歌
全年开放 1999年状态	否	否	否	是	是	否
全年开放 2003年状态	否	否	否	是	是	否
年级跨度	K-5	K-5	K-5	K-5	K-6	K-5
入学人数	479	757	426	911	729	630
种族（%）						
白人	48.9	26.4	54.5	36.3	14	69.2
西班牙裔	24.1	56.5	19.7	53	65	15.9
非裔	8	6.9	15.7	1.9	3.6	6.0
其他	18.0	10.3	10.1	4	17	8.2
英语为第二语言学习者比例	12.2	29.7	.5	39.8	31	4.8
减免餐费比例	28.2	51.7	40.6	51.1	43	4.9

比较组学校	艾玛	罗斯福	奥卜泽维特	桑凯斯特	约翰逊
全年开放 1999年状态	否	否	否	是	否
全年开放 2003年状态	否	否	否	是	否
API 2001	6	9	10	3	7
API 2002	8	8	6	5	9
API 2003	7	7	4	7	8
年级跨度	K-6	K-6	K-6	K-5	K-5
入学人数	585	502	438	666	1,027
种族（%）					
白人	55.4	7.2	12.1	4.7	7.1
西班牙裔	31.1	27.3	78.5	31.7	81.6
非裔	10.6	1.2	3.9	46.7	1.3
其他	2.9	1.8	5.4	17.1	9.8
亚裔（越南人）	—	62.5	—	—	—
英语为第二语言学习者比例	22.6	57.6	29	21.8	58.2
减免餐费比例	64.5	54.8	57.3	74.6	72.4

准则对每一项人口统计方面的因素还是给与了比较多的考量，但这些因素并不会同其他决定API同类学校排名因素那样，占据同样重要的位置。每所学校的特征指数（SCI），是对学校的背景特征的综合，它同样也是被考量的因素。然后选取一所学校作为参照物，将这所学校的SCI做为中间值。50所学校的SCI值高于此中间值，而另外50所学校的SCI值则低于此标准。这一百所学校都有着相似的问题。将这一百所学校按照他们的API从低到高进行排列，然后每十个学校为一级，将他们分成十级。排列在第九或十级的学校，比其他有相似背景的学校在品质上更好。为了完成这项甄选工作，最初我们在圣地亚哥，河滨区和橘子郡中学挑选了14名校长。在这14名校长中，11名同意接受我们的采访，3名拒绝。11名中又有6名校长被认为是高度成功的校长，而剩下的五名则被列为研究中比较组的成员。

对于卓越校长的挑选是基于以下标准进行的：

• 学校的校长需要在2001、2002和2003年有一个稳定的加州同类学校排名，排名级别为第九级或第十级。加州教育部将第九级和第十级认定为"远远超过平均水平"或"高度成功"。而在1999年，学校的等级排名需要比2001年低两个级别，但不能低于第五级。（加州教育部将5、6、7、8几个等级认定为"高于平均水平"或"优秀"。）而我们在这里做出此种挑选标准的意图在于，找到在五年间能够将学生成绩从优秀推向卓越的学校。另外需要补充的是，在这五年里学校的综合背景并没有任何影响学生成绩方面的改变（正如我们在采访中或者学校学术报告中所注明的一样）。这些排名和学校背景信息都来源于加州教育部网站所公布的官方数据。

- 那些在1999年和2003年两年位于第四级或更高等级的学校都将位于相关排名中。在这个相关排名上，一所学校的API指数将会在全国范围内和其他学校进行比较。

- 另外我们所选取的校长必须从1999年到2003年，五年间都在这所学校工作。这项信息可以从校长所在的学区中心办公室，从2000年到2003年加州公立学校目录中获得。

这项研究发掘了成功校长们之间所存在的共同特征。为了进一步确认这种共性特征是不是和其他校长有所不同，我们选取了另外一组校长作为比较组进行比较。而这两组校长之间的差异正是造成这两组学校差异的本质原因。我们所选取的比较组的校长所在的学校同成功校长的学校在1999年的时候，在相似学校排名上都处于同一个等级"平均以上"或者"优秀"，但是这些比较组的学校却无法在后来的几年里取得提升，无法获得"远远高于平均水平"或"高度成功"这样的等级，又或者它们无法长期维持这种等级。我们在选取比较组的校长的时候，主要是根据以下三个标准来进行挑选的：

1. 在1999年，学校的相似学校排名在第五级和第八级之间，包括第五级和第八级（例如，等级排名必须是平均以上或优秀）。

2. 在之后的2000年到2003年之间的排名，一直维持在同样的等级，或在其间有轻微的波动。

3. 学校的校长必须从1999年到2003年间一直在这所学校工作。

这样做的目的在于将卓越校长的个性和比较组不能长期保持成功的校长的个性进行对比。虽然有了这些标准，但是不能保证其他因素对于结果造成的影响，所以除了尽可能减少其他变量对结果的影响之外，我们还尽可能去寻找那些相似的学校。总之，不管是成功的校长还是比较组的校长，他们都是从同一个100所同类学校等级排名中选出的。在这个研究中并没有对这两组的校长个人进行直接对比，因为这不是我们研究的意图。最后，我们希望可以尽量减少变量对这项研究影响的想法，在一定程度上获得了成效。比较组的校长中有4名校长所在的学校同高度成功的校长所在的学校，在同一个相似学校排名上。在第五个案例里，我们采访了一名比较组的校长，但是来自于同一个相似学校排名名单上的卓越学校的校长却最终没有参与我们的采访。但是由于这名校长满足了我们对比较组校长的选择标准，因而我们还是保留了这名校长的采访。而在最后一个案例里，一名卓越校长参与了我们的采访，但是与这名校长的学校位于同一个百名相似学校榜单中的、其他比较组的校长最终都未能参与这项访谈。同样的，我们也保留了这名卓越校长的访谈，因为我们研究的目的不是对于个人的比较，而是在于两个群体之间差异性的比较,对于我们的研究而言，这并不是一件什么特别重要的事。总的来说，我们的研究一共涉及了11名校长，6名卓越校长和5名比较组的校长。

这个研究项目以及它所需要使用到的所有的研究材料，都遵循了克莱蒙特研究大学（CGU）的研究审查协议流程和圣地亚哥州立

From Good Schools to
GREAT SCHOOLS

大学（SDSU）的《人类研究保护计划：指南，标准和实践》来进行的。我们只有在收到来自于CGU和SDSU的机构审查委员会的同意书之后，才对校长们发出参与此项研究的征求函。

　　对于校长的邀请，最初我们都是通过电邮来进行的，向校长们发出邀请，向他们介绍我们这项研究的背景、重要性，以及参与此项研究的流程。对于参与此项研究的全部11名校长，我们都清楚地告知了我们选择他们的标准是他们在1999年到2003年的API同类学校排名，和他们在这五年内都没有转岗或调换学校。当然，这些校长并不知道实际上他们是被分成了两个小组，卓越校长和比较组，来参与此项研究。当然我们也向校长们告知，他们可以不回答任何他们不想回答的问题，也可以随时暂停或收回他们在采访中的回答。我们也向他们保证，他们在此项研究中的记录将会得到妥善的保护，他们在访谈中所有的回答都会被实行保密处理。6名卓越的校长在电邮中，都给予了非常积极的回复；然后，我们通过电话向他们预约第一次采访的时间。而比较组的校长则比较谨慎。每次我们向他们发出邀请的时候，他们都以太忙了为理由，拒绝了我们的邀请。而在接下来的联络中，我们的作者或者研究人员会进一步向他们解释他们对于我们研究的重要性，而且我们可以在他们方便的时候进行采访。最终，在我们最初设定的八名比较组校长中，有五名愿意参加这项研究。最后，在开始采访之前，我们所有的被采访者都签署了自愿参与此项研究项目同意书。

参考资料 C

采访提纲和问卷调查

访谈问题

1. 请您简要地介绍一下，您与这个学区的关系，您在这个学区工作的年限，以及您在这个学区的第一份工作。

2. 请您简要介绍一下这所学校的情况。包括学生构成，以及所处的社区情况。

3. 请您介绍一下1999年（API开始实施的第一年）的时候学校的员工情况。

4. 您觉得是什么原因让您成为这所学校的校长呢？

5. 您觉得您是什么领导类型？

6. 您希望您在教师们眼中是什么样的领导类型？

7. 我会给您一分钟的时间，您要在这一分钟里写下五个您觉得最重要的、促成学生成绩提升的原因。（给被采访者一张纸）

8. 现在请您从1开始，按照重要性，为这些因素排序。

9. 请您谈一下您表上所列的（最前面的两个或三个）因素。请您举几个例子对这些因素做进一步说明。

10. 在2000年学校的API排名达到9或10之前，是什么样的决定使学校的学生成绩在1997年~1999年之间开始有了显著提高？又是什么激发了这项决定？

11. 在整个过程里，电子技术起到了什么样的作用？

12. 作为一名校长，在您做一些必须做的决策的时候，您有多大的自主权？而您又是通过什么方式被限制的？

13. 在促进学生成绩提高方面，您和您的员工采取了什么样的流程来制定关键性的决定并发展关键性的策略？（不是关于您做了一些什么样的决定，而是关于您与员工是如何制定这些决策，并实施它们的。）

14. 如果给您一个标尺，有十个刻度，在公布教师决定之前，您有多大的自信，您所期望的决定与教师们所做的决定是一致的？（10：您对这些决定非常自信，这些决策将是非常好的决策并很有可能取得成功；1：您对这些决策只有一点点的信心，这些决策看起来非常的危险——完全就是一场赌博。）（如果受访者的信心指数在6及以上：您为什么会这么自信呢？）

15. 如果有的话，您觉得校外的顾问，咨询员，以及学区中心主管人员，在制定关键的决策的时候都扮演了什么样的角色？

16. 学校在做决策的时候，如何获得所有人的同意和认可？这里的所有人包括教师、家长、学生。请分别举例说明一下。

17. 为了保证教师能够继续关注提升学生的成绩，您都采取了哪些措施？

18. 在取得同类学校学术指标排名9或10级之前，您尝试了哪些没有效果的方法？为什么这些方法不管用？

19. 当您的学校在为了将来，实施这些长期的项目的时候，您的学校是如何来面对来自于学区、州以及联邦政府的压力的？

20. 许多学校都开展了新的项目并提高了工作的积极性，但是他们的努力并没有带来长期的效益。而有关成功学校的转变中很重要的一项就是，它可以持续这种杰出的表现很多年，而不仅仅只是一个短期的上升。我们发现这真的是很不同寻常。那么又是什么造就了这些成功学校的与众不同呢？是什么使得这些学校的排名在这么多年里都保持不变呢？

21. 请您和我们讲一个在您看来最能代表卓越学校之所以成功的例子。

22. 让我们换个话题。您能和我们谈谈您所参加的行政预备课程吗？从1到5分成五级，您给它打几级？（1：有价值；5：非常有价值。）（如果答案是3或者更高：请您给我们举几个例子，在您的课程中，您觉得哪些方面对于一名校长是非常有价值的？）

23. 您认为谁是您的导师？请您和我们谈一下这个（些）人，以及为什么他/她是您的导师。

24. 请您和我们说说，在您过去的工作或生活里有哪些经历，帮助您形成了您现在的领导类型。

25. 您采取过一些什么措施来保证教师们继续专注在提高学生成绩上?

26. 您对您所在的学校最大的愿望是什么?

27. 当您想到您现在的工作的时候,您觉得最让您感到自豪的是什么?

28. 为了保证学校能够维持它的成功,您做过一些什么努力?

29. 当您需要离开校长这个职位的时候,您最希望被人记住的是什么?

30. 在提升学生成绩、让学校取得成功方面,您觉得还有什么是您想同我们分享的?

问卷调查

请在您的答案上打圈

1. 您是否是从别的学区调入目前所在的学区并被直接任命为校长的?

    A. 是的

    B. 不是

2. 在成为这所学校的校长之前,您在这所学校的学区里已经工作了多少年?

    A. 10年以上

B. 4~9年

C. 1~3年

D. 不到一年

3. 您是在哪个年龄段成为校长的？

A. 25岁之前

B. 25~30岁

C. 31~40岁

D. 41~50岁

E. 51以上

4. 您在这所学校的任期是多久？

A. 7~10年以上

B. 5~6年

C. 3~4年

5. 您在成为这所学校的校长之前是担任什么工作的？

A. 校长

B. 副校长

C. 教师

D. 其他行政人员

E. 其他

6. 您是在哪儿获得行政管理资格证书的？（选择一个）

A. 加利福尼亚州

B. 其他州

C. 其他国家

什么机构？_____

7. 您所获得的硕士学位是什么专业？（可以多选）

   A. 教育管理

   B. 教育学

   C. 其他：_____

8. 您所获得的博士学位是什么专业？（可以多选）

   A. 教育管理

   B. 教育学

   C. 其他：_____

9. 在您投身公立教育事业之前是从事何种职业的？

   A. 军人

   B. 销售

   C. 公务员

   D. 技术/商业

   E. 其他：_____

10. 您在成为行政管理人员之前，一共做了几年教师？

    A. 15年以上

    B. 10~14年

    C. 4~9年

D. 1~3年

E. 不到一年

11. 您被现在的学区聘用的时候，您的职位是什么？（可以多选）

　　A. 校长

　　B. 副校长

　　C. 教师

　　D. 其他行政管理职位

　　E. 其他需要资格证书的职位（非行政类）

　　F. 不需要资格证书的职位

12. 您来到现在这所学校的时候，您的职位是什么？（可以多选）

　　A. 校长

　　B. 副校长

　　C. 教师

　　D. 其他行政管理职位

　　E. 其他需要资格证书的职位（非行政类）

　　F. 不需要资格证书的职位

"常青藤"书系—中青文教师用书总目录

书名	书号	定价
特别推荐——从优秀到卓越系列		
从优秀教师到卓越教师：极具影响力的日常教学策略	9787515312378	33.80
从优秀教学到卓越教学：让学生专注学习的最实用教学指南	9787515324227	39.90
从优秀学校到卓越学校：他们的校长在哪些方面做得更好	9787515325637	59.90
卓越课堂管理（中国教育新闻网2015年度"影响教师的100本书"）	9787515331362	88.00
名师新经典/教育名著		
在芬兰中小学课堂观摩研修的365日	9787515363608	49.00
马文·柯林斯的教育之道：通往卓越教育的路径（《中国教育报》2019年度"教师喜爱的100本书"，中国教育新闻网"影响教师的100本书"。朱永新作序，李希贵力荐）	9787515355122	49.80
如何当好一名学校中层：快速提升中层能力、成就优秀学校的31个高效策略	9787515346519	49.00
像冠军一样教学：引领学生走向卓越的62个教学诀窍	9787515343488	49.00
像冠军一样教学2：引领教师掌握62个教学诀窍的实操手册与教学资源	9787515352022	68.00
如何成为高效能教师	9787515301747	89.00
给教师的101条建议（第三版）（《中国教育报》"最佳图书"奖）	9787515342665	33.00
改善学生课堂表现的50个方法（入选《中国教育报》"影响教师的100本书"）	9787500693536	33.00
改善学生课堂表现的50个方法操作指南：小技巧获得大改变	9787515334783	29.00
美国中小学世界历史读本/世界地理读本/艺术史读本	9787515317397等	106.00
美国语文读本1-6	9787515314624等	252.70
和优秀教师一起读苏霍姆林斯基	9787500698401	27.00
快速破解60个日常教学难题	9787515339320	39.90
美国最好的中学是怎样的——让孩子成为学习高手的乐园	9787515344713	28.00
建立以学习共同体为导向的师生关系：让教育的复杂问题变得简单	9787515353449	33.80
教师成长/专业素养		
通过积极的师生关系提升学生成绩：给教师的行动清单	9787515356877	49.00
卓越教师工具包：帮你顺利度过从教的前5年	9787515361345	49.00
可见的学习与深度学习：最大化学生的技能、意志力和兴奋感	9787515361116	45.00
学生教给我的17件重要的事：带给你爱、勇气、坚持与创意的人生课堂	9787515361208	39.80
教师如何持续学习与精进	9787515361109	39.00
从实习教师到优秀教师	9787515358673	39.90
像领袖一样教学：改变学生命运，使学生变得更好（中国教育新闻网2015年度"影响教师的100本书"）	9787515355375	49.00
你的第一年：新教师如何生存和发展	9787515351599	33.80
教师精力管理：让教师高效教学，学生自主学习	9787515349169	28.00
如何使学生成为优秀的思考者和学习者：哈佛大学教育学院课堂思考解决方案	9787515348155	49.90
反思性教学：一个已被证明能让教师做到更好的培训项目（30周年纪念版）	9787515347837	59.90
凭什么让学生服你：极具影响力的日常教育策略（中国教育新闻网2017年度"影响教师的100本书"）	9787515347554	28.00
运用积极心理学提高学生成绩（中国教育新闻网2017年度"影响教师的100本书"）	9787515345680	39.80
可见的学习与思维教学：成长型思维教学的54个教学资源·教学资源版	9787515354743	36.00
可见的学习与思维教学：让教学对学生可见，让学习对教师可见（中国教育报2017年度"教师最喜爱的100本书"）	9787515345000	39.90
教学是一段旅程：成长为卓越教师你一定要知道的事	9787515344478	39.00

书名	书号	定价
安奈特·布鲁肖写给教师的101首诗	9787515340982	35.00
万人迷老师养成宝典学习指南	9787515340784	28.00
中小学教师职业道德培训手册：师德的定义、养成与评估	9787515340777	32.00
成为顶尖教师的10项修炼（中国教育新闻网2015年度"影响教师的100本书"）	9787515334066	35.00
★ T.E.T.教师效能训练：一个已被证明能让所有年龄学生做到最好的培训项目（30周年纪念版）（中国教育新闻网2015年度"影响教师的100本书"）	9787515332284	49.00
教学需要打破常规：全世界最受欢迎的创意教学法（中国教育新闻网2015年度"影响教师的100本书"）	9787515331591	45.00
给幼儿教师的100个创意：幼儿园班级设计与管理	9787515330310	39.90
给小学教师的100个创意：发展思维能力	9787515327402	29.00
给中学教师的100个创意：如何激发学生的天赋和特长/杰出的教学/快速改善学生课堂表现	9787515330723等	87.90
以学生为中心的翻转教学11法	9787515328386	29.00
如何使教师保持职业激情	9787515305868	29.00
★ 如何培训高效能教师：来自全美权威教师培训项目的建议	9787515324685	39.90
良好教学效果的12试金石：每天都需要专注的事情清单	9787515326283	29.90
★ 让每个学生主动参与学习的37个技巧	9787515320526	45.00
给教师的40堂培训课：教师学习与发展的最佳实操手册	9787515352787	39.90
提高学生学习效率的9种教学方法	9787515310954	27.80
★ 优秀教师的课堂艺术：唤醒快乐积极的教学技能手册	9787515342719	26.00
★ 万人迷老师养成宝典（第2版）（入选《中国教育报》"2010年影响教师的100本书"）	9787515342702	39.00
高效能教师的9个习惯	9787500699316	26.00
课堂教学/课堂管理		
★ 优秀教师一定要知道的19件事：回答教师核心素养问题，解读为什么要向优秀者看齐	9787515366630	39.00
从作业设计开始的30个创意教学法：运用互动反馈循环实现深度学习	9787515366364	59.00
基于课堂中精准理解的教学设计	9787515365909	49.00
如何创建培养自主学习者的课堂管理系统	9787515365879	49.00
如何提高课堂创意与参与度：每个教师都可以使用的178个教学工具	9787515365763	49.90
如何激活学生思维：激励学生学习与思考的187个教学工具	9787515365770	49.90
男孩不难教：男孩学业、态度、行为问题的新解决方案	9787515364827	49.00
★ 高度参与的线上线下融合式教学设计：极具影响力的备课、上课、练习、评价项目教学法	9787515364438	49.00
★ 跨学科项目式教学：通过"+1"教学法进行计划、管理和评估	9787515361086	49.00
课堂上最重要的56件事	9787515360775	35.00
★ 全脑教学与游戏教学法	9787515360690	39.00
深度教学：运用苏格拉底式提问法有效开展备课设计和课堂教学	9787515360591	49.90
★ 一看就会的课堂设计：三个步骤快速构建完整的课堂管理体系	9787515360584	39.90
如何有效激发学生学习兴趣	9787515360577	38.00
如何解决课堂上最关键的9个问题	9787515360195	49.00
多元智能教学法：挖掘每一个学生的最大潜能	9787515359885	39.90
★ 探究式教学：让学生学会思考的四个步骤	9787515359496	39.00
课堂提问的技术与艺术	9787515358925	49.00
如何在课堂上实现卓越的教与学	9787515358321	49.00
基于学习风格的差异化教学	9787515358437	39.90

书名	书号	定价
如何在课堂上提问：好问题胜过好答案	9787515358253	39.00
高度参与的课堂：提高学生专注力的沉浸式教学	9787515357522	39.90
让学习变得有趣	9787515357782	39.00
如何利用学校网络进行项目式学习和个性化学习	9787515357591	39.90
基于问题导向的互动式、启发式与探究式课堂教学法	9787515356792	49.00
如何在课堂中使用讨论：引导学生讨论式学习的60种课堂活动	9787515357027	38.00
如何在课堂中使用差异化教学	9787515357010	39.90
如何在课堂中培养成长型思维	9787515356754	39.90
每一位教师都是领导者：重新定义教学领导力	9787515356518	39.90
教室里的1-2-3魔法教学：美国广泛使用的从学前到八年级的有效课堂纪律管理	9787515355986	39.90
如何在课堂中使用布卢姆教育目标分类法	9787515355658	39.00
如何在课堂上使用学习评估	9787515355597	39.00
7天建立行之有效的课堂管理系统：以学生为中心的分层式正面管教	9787515355269	29.90
积极课堂：如何更好地解决课堂纪律与学生的冲突	9787515354590	38.00
设计智慧课堂：培养学生一生受用的学习习惯与思维方式	9787515352770	39.00
追求学习结果的88个经典教学设计：轻松打造学生积极参与的互动课堂	9787515353524	39.00
从备课开始的100个课堂活动设计：创造积极课堂环境和学习乐趣的教师工具包	9787515353432	33.80
老师怎么教，学生才能记得住	9787515353067	48.00
多维互动式课堂管理：50个行之有效的方法助你事半功倍	9787515353395	39.80
智能课堂设计清单：帮助教师建立一套规范程序和做事方法	9787515352985	49.90
提升学生小组合作学习的56个策略：让学生变得专注、自信、会学习	9787515352954	29.90
快速处理学生行为问题的52个方法：让学生变得自律、专注、爱学习	9787515352428	39.00
王牌教学法：罗恩·克拉克学校的创意课堂	9787515352145	39.80
让学生快速融入课堂的88个趣味游戏：让上课变得新颖、紧凑、有成效	9787515351889	39.00
如何调动与激励学生：唤醒每个内在学习者（李希贵校长推荐全校教师研读）	9787515350448	39.80
合作学习技能35课：培养学生的协作能力和未来竞争力	9787515340524	59.00
基于课程标准的STEM教学设计：有趣有料有效的STEM跨学科培养教学方案	9787515349879	68.00
如何设计教学细节：好课堂是设计出来的	9787515349152	39.00
15秒课堂管理法：让上课变得有料、有趣、有秩序	9787515348490	49.00
混合式教学：技术工具辅助教学实操手册	9787515347073	39.80
从备课开始的50个创意教学法	9787515346618	39.00
中学生实现成绩突破的40个引导方法	9787515345192	33.00
给小学教师的100个简单的科学实验创意	9787515342481	39.00
老师如何提问，学生才会思考	9787515341217	49.00
教师如何提高学生小组合作学习效率	9787515340340	39.00
卓越教师的200条教学策略	9787515340401	49.90
中小学生执行力训练手册：教出高效、专注、有自信的学生	9787515335384	49.90
从课堂开始的创客教育：培养每一位学生的创造能力	9787515342047	33.00
提高学生学习专注力的8个方法：打造深度学习课堂	9787515333557	35.00
改善学生学习态度的58个建议	9787515324067	36.00
全脑教学（中国教育新闻网2015年度"影响教师的100本书"）	9787515323169	38.00
全脑教学与成长型思维教学：提高学生学习力的92个课堂游戏	9787515349466	39.00
哈佛大学教育学院思维训练课：让学生学会思考的20个方法	9787515325101	59.90

	书名	书号	定价
	完美结束一堂课的35个好创意	9787515325163	28.00
	如何更好地教学：优秀教师一定要知道的事	9787515324609	36.00
	带着目的教与学	9787515323978	39.90
★	美国中小学生社会技能课程与活动（学前阶段/1-3年级/4-6年级/7-12年级）	9787515322537等	153.80
	彻底走出教学误区：开启轻松智能课堂管理的45个方法	9787515322285	28.00
	破解问题学生的行为密码：如何教好焦虑、逆反、孤僻、暴躁、早熟的学生	9787515322292	36.00
	13个教学难题解决手册	9787515320502	28.00
★	让学生爱上学习的165个课堂游戏	9787515319032	39.00
	美国学生游戏与素质训练手册：培养孩子合作、自尊、沟通、情商的103种教育游戏	9787515325156	49.00
	老师怎么说，学生才会听	9787515312057	39.00
	快乐教学：如何让学生积极与你互动（入选《中国教育报》"影响教师的100本书"）	9787500696087	29.00
★	老师怎么教，学生才会提问	9787515317410	29.00
	快速改善课堂纪律的75个方法	9787515313665	28.00
★	教学可以很简单：高效能教师轻松教学7法	9787515314457	39.00
★	好老师可以避免的20个课堂错误（入选《中国教育报》"影响教师的100本图书"）	9787500688785	39.90
★	好老师应对课堂挑战的25个方法（《给教师的101条建议》作者新书）	9787500699378	25.00
★	好老师激励后进生的21个课堂技巧	9787515311838	39.80
★	开始和结束一堂课的50个好创意	9787515312071	29.80
	好老师因材施教的12个方法（美国著名教师伊莉莎白"好老师"三部曲）	9787500694847	22.00
★	如何打造高效能课堂	9787500680666	29.00
	合理有据的教师评价：课堂评估衡量学生进步	9787515330815	29.00
班主任工作/德育			
★	北京四中8班的教育奇迹	9787515321608	36.00
★	师德教育培训手册	9787515326627	29.80
	中小学教师职业道德培训手册：师德的定义、养成与评估	9787515340777	32.00
★	好老师征服后进生的14堂课（美国著名教师伊莉莎白"好老师"三部曲）	9787500693819	39.90
	优秀班主任的50条建议：师德教育感动读本（《中国教育报》专题推荐）	9787515305752	23.00
学校管理/校长领导力			
	如何培育卓越教师：给学校管理者的行动清单	9787515357034	39.00
★	学校管理最重要的48件事	9787515361055	39.80
	重新设计学习和教学空间：设计利于活动、游戏、学习、创造的学习环境	9787515360447	49.90
	重新设计一所好学校：简单、合理、多样化地解构和重塑现有学习空间和学校环境	9787515356129	49.00
	让樱花绽放英华	9787515355603	79.00
	学校管理者平衡时间和精力的21个方法	9787515349886	29.90
	校长引导中层和教师思考的50个问题	9787515349176	29.00
	如何定义、评估和改变学校文化	9787515340371	29.90
	优秀校长一定要做的18件事（入选《中国教育报》"2009年影响教师的100本书"）	9787515342733	39.90
学科教学/教科研			
	中学古文观止50讲：文言文阅读能力提升之道	9787515366555	59.90
	完美英语备课法：用更短时间和更少材料让学生高度参与的100个课堂游戏	9787515366524	49.00
	人大附中整本书阅读取胜之道：让阅读与作文双赢	9787515364636	59.90
	北京四中语文课：千古文章	9787515360973	59.00

书名	书号	定价
北京四中语文课：亲近经典	9787515360980	59.00
从备课开始的56个英语创意教学：快速从小白老师到名师高手	9787515359878	49.90
美国学生写作技能训练	9787515355979	39.90
《道德经》妙解、导读与分享（诵读版）	9787515351407	49.00
京沪穗江浙名校名师联手教你：如何写好中考作文	9787515356570	49.90
京沪穗江浙名校名师联手授课：如何写好高考作文	9787515356686	49.80
人大附中中考作文取胜之道	9787515345567	39.80
人大附中高考作文取胜之道	9787515320694	49.90
人大附中学生这样学语文：走近经典名著	9787515328959	33.80
四界语文（入选《中国教育报》2017年度"教师喜爱的100本书"）	9787515348483	49.00
让小学一年级孩子爱上阅读的40个方法	9787515307589	39.90
让学生爱上数学的48个游戏	9787515326207	26.00
轻松100课教孩子阅读英文	9787515338781	88.00

情商教育/心理咨询

书名	书号	定价
9节课，教你读懂孩子：妙解亲子教育、青春期教育、隔代教育难题	9787515351056	39.80
学生版盖洛普优势识别器（独一无二的优势测量工具）	9787515350387	169.00
与孩子好好说话（获"美国国家育儿出版物（NAPPA）金奖"）	9787515350370	39.80
中小学心理教师的10项修炼	9787515309347	36.00
别和青春期的孩子较劲（增订版）（入选《中国教育报》"2009年影响教师的100本书"）	9787515343075	28.00
100条让孩子胜出的社交规则	9787515327648	28.00
守护孩子安全一定要知道的17个方法	9787515326405	32.00

幼儿园/学前教育

书名	书号	定价
中挪学前教育合作式学习：经验·对话·反思	9787515364858	79.00
幼小衔接听读能力课	9787515364643	33.00
用蒙台梭利教育法开启0~6岁男孩潜能	9787515361222	45.00
德国幼儿的自我表达课：不是孩子爱闹情绪，是她/他想说却不会说！	9787515359458	59.00
德国幼儿教育成功的秘密：近距离体验德国学前教育理念与幼儿园日常活动安排	9787515359465	49.80
美国儿童自然拼读启蒙课：至关重要的早期阅读训练系统	9787515351933	49.80
幼儿园30个大主题活动精选：让工作更轻松的整合技巧	9787515339627	39.80
美国幼儿教育活动大百科：3-6岁儿童学习与发展指南用书 科学／艺术／健康与语言／社会	9787515324265等	600.00
蒙台梭利早期教育法：3-6岁儿童发展指南（理论版）	9787515322544	29.80
蒙台梭利儿童教育手册：3-6岁儿童发展指南（实践版）	9787515307664	33.00
自由地学习：华德福的幼儿园教育	9787515328300	29.90
赞美你：奥巴马给女儿的信	9787515303222	19.90
史上最接地气的幼儿书单	9787515329185	39.80

教育主张/教育视野

书名	书号	定价
父母不应该错过的犹太人育儿法	9787515365688	59.00
如何在线教学：教师在智能教育新形态下的生存与发展	9787515365855	49.00
正向养育：黑幼龙的慢养哲学	9787515365671	39.90
颠覆教育的人：蒙台梭利传	9787515365572	59.90
学习的科学：每位教师都应知道的77项教育研究成果	9787515364094	59.00

书名	书号	定价
真实性学习：如何设计体验式、情境式、主动式的学习课堂	9787515363769	49.00
哈佛前1%的秘密（俞敏洪、成甲、姚梅林、张梅玲推荐）	9787515363349	59.90
基于七个习惯的自我领导力教育设计：让学校育人更有道，让学生自育更有根	9787515362809	69.00
终身学习：让学生在未来拥有不可替代的决胜力	9787515360560	49.90
颠覆性思维：为什么我们的阅读方式很重要	9787515360393	39.90
如何教学生阅读与思考：每位教师都需要的阅读训练手册	9787515359472	39.00
"互联网+"时代，如何做一名成长型教师	9787515340302	29.90
教出阅读力	9787515352800	39.90
为学生赋能：当学生自己掌控学习时，会发生什么	9787515352848	33.00
如何用设计思维创意教学：风靡全球的创造力培养方法	9787515352367	39.80
如何发现孩子：实践蒙台梭利解放天性的趣味游戏	9787515325750	32.00
如何学习：用更短的时间达到更佳效果和更好成绩	9787515349084	49.00
教师和家长共同培养卓越学生的10个策略	9787515331355	27.00
★ 如何阅读：一个已被证实的低投入高回报的学习方法	9787515346847	39.00
★ 芬兰教育全球第一的秘密（钻石版）（《中国教育报》等主流媒体专题推荐）	9787515359922	59.00
世界最好的教育给父母和教师的45堂必修课（《芬兰教育全球第一的秘密》2）	9787515342696	28.00
★ 杰出青少年的7个习惯（精英版）	9787515342672	39.00
杰出青少年的7个习惯（成长版）	9787515335155	29.00
★ 杰出青少年的6个决定（领袖版）（全国优秀出版物奖）	9787515342658	49.90
★ 7个习惯教出优秀学生（第2版）（全球畅销书《高效能人士的七个习惯》教师版）	9787515342573	39.90
学习的科学：如何学习得更好更快（入选中国教育网2016年度"影响教师的100本书"）	9787515341767	39.80
杰出青少年构建内心世界的5个坐标（中国青少年成长公开课）	9787515314952	59.00
★ 跳出教育的盒子（第2版）（美国中小学教学经典畅销书）	9787515344676	35.00
夏烈教授给高中生的19场讲座	9787515318813	29.90
★ 学习之道：美国公认经典学习书	9787515342641	39.00
★ 翻转学习：如何更好地实践翻转课堂与慕课教学（中国教育新闻网2015年度"影响教师的100本书"）	9787515334837	32.00
★ 翻转课堂与慕课教学：一场正在到来的教育变革	9787515328232	26.00
翻转课堂与混合式教学：互联网+时代，教育变革的最佳解决方案	9787515349022	29.80
翻转课堂与深度学习：人工智能时代，以学生为中心的智慧教学	9787515351582	29.80
★ 奇迹学校：震撼美国教育界的教学传奇（中国教育新闻网2015年度"影响教师的100本书"）	9787515327044	36.00
★ 学校是一段旅程：华德福教师1-8年级教学手记	9787515327945	49.00
★ 高效能人士的七个习惯（30周年纪念版）（全球畅销书）	9787515360430	79.00

您可以通过如下途径购买：
1. 书　　店：各地新华书店、教育书店。
2. 网上书店：当当网（www.dangdang.com）、亚马逊中国网（www.amazon.cn）、天猫（zqwts.tmall.com）、京东网（www.360buy.com）
3. 团　　购：各地教育部门、学校、教师培训机构、图书馆团购，可享受特别优惠。
　　购书热线：010-65511272 / 65516873

常青藤教育书系·重磅推荐 ∨∨∨

《从优秀教师到卓越教师：极具影响力的日常教学策略》

作者：(美) 安奈特·布鲁肖
　　　托德·威特克尔
ISBN：978-7-5153-1237-8
开本：16
页码：336
定价：33.80元

★ 高效：一天一个简单易学的方法，5分钟就能让你的教学效果"立竿见影"
★ 实用：180天，闲暇之时就能轻松学习新理论、新方法、新智慧
★ 专业：美国备受欢迎的教育家与数千名卓越教师的无私分享，让你获得全新的教学视野
★ 影响力：美国教育界人人称赞的教师培训项目二十余年的宝贵经验

　　本书是一本覆盖全学年的实用教学指南，一共包含180天，几乎覆盖了整个学年的教学时间，每一天为教师提供一个与教学相关的方法、策略或者行动建议，以提高教学的有效性。教师每天只需花几分钟的时间，就能获得新进步、新收获。

　　作为一名教师，由于肩负着众多的责任，所以很容易顾此失彼，看重一些我们本无须看重的东西，忽略一些我们本不该忽略的东西。因此，每一天，我们都需要提醒自己做自己该做的事情。本书将在你教学的每一天为你送上温馨的提醒、善意的建议、周全的行动计划。

学校管理最重要的48件事

作者：(美)丹尼·斯蒂尔
托德·威特克尔
ISBN：978-7-5153-6105-5
开本：16
页码：176
出版时间：2020年10月
定价：39.80元

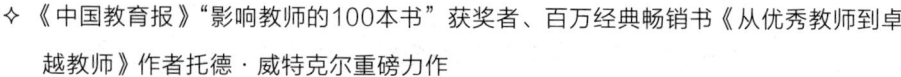

- ❖ 《中国教育报》"影响教师的100本书"获奖者、百万经典畅销书《从优秀教师到卓越教师》作者托德·威特克尔重磅力作
- ❖ 揭示48条鼓舞人心的教育原则，促使学校管理者专注于挖掘学校核心价值观，帮助学校管理者在鼓励学生、给教师赋能以及创建学校文化等方面变得更具有影响力
- ❖ 当学校管理者将精力集中在重要的事情上时，学校里重要的人——学生才能得到更好的关注。本书适合每一位想在学校管理方面有所建树的学校领导者，包括但不限于校长、教学主任、行政主管等

  这是一本学校管理类专著，作者为教育领导力专家丹尼·斯蒂尔博士和美国教育界领军人物、畅销书作家托德·威特克尔，他们基于一线几十年的教学和校长管理经验，结合企业管理的理念，举一反三地独创了关于学校领域的教育管理理论。

  书中48个学校管理原则，涉及学校文化、中层管理、教学管理、教师团队建设等方方面面，提到了大部分学校管理者会遇到的问题，并针对这些问题提出了合理的、具体的解决方法和措施。通过阅读本书，学校管理者的思维习惯和办学目标会有极大的提升与改变！

给教师的40堂培训课：
教师学习与发展的最佳实操手册

ISBN 9787515352787
作者：（美）托德·威特克尔　安奈特·布鲁肖
出版时间：2019.1
定价：39.90元

★ **编辑推荐**

◆ 美国专业实用的教师培训经典用书

◆ 继《给教师的101条建议》《改善学生课堂表现的50个方法》《从优秀教师到卓越教师》之后，作者率先公开了美国教师培训教程精华

◆ 集结了优秀的师资、前沿的教学理念、专业的教学研究、典型的案例、高效的教师培训经验

◆ 40个卓越教师快速训练法，能产生立竿见影的培训效果，迅速提高教师的教学技巧，改善学生的课堂表现

◆ 每种教学方法的实际环节只需要短短10分钟，能够帮助教师更快速更灵活地解决课堂管理、教学实践、家长参与、激励学生等日常教学问题

★ **作者简介**

安奈特·布鲁肖

全美国公认权威针对教师岗前培训项目FIRST的负责人，深受中国教师们的喜爱。她可以让听众迅速将她所讲述的实践技巧应用到课堂教学之中，并能起到立竿见影的效果。安奈特的其他著作包括《从优秀教师到卓越教师》《改善学生课堂表现的50个方法》《给教师的101条建议》等。

托德·威特克尔博士

教师激励机制、教师领导力及校长管理领域的专家，他的教育理念得到了世界众多教育者的共鸣。托德撰写了众多教育著作，其中包括《从优秀教师到卓越教师》《改善学生课堂表现的50个方法》《优秀教师一定要知道的14件事》等数年蝉联《中国教育报》"影响教师的100本图书"。

优秀校长一定要做的18件事

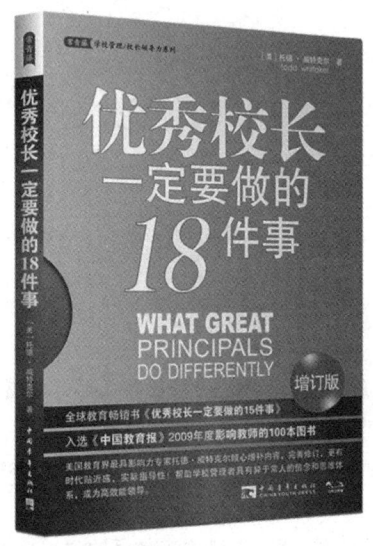

作者：(美)托德·威特克尔
出版社：中国青年出版社
ISBN：9787515342733
定价：39.90元

★ 编辑推荐

◆ 入选《中国教育报》"影响教师的100本图书"奖

◆ 校长面对所有问题和挑战的完全解决法则，学校管理者提升领导力的经典行动指南

◆ 美国教育界最具影响力专家托德·威特克尔倾心增补内容，完善修订，更有时代贴近感，实际指导性！

★ 内容简介

本书所揭示的18个核心理念、行为和思维方式，来自于美国校长案例研究课题和作者几十年校长管理经验总结，从校长和管理者的角度，解构学校建设、学校文化和学校管理，助力学校管理者创新核心信念、行为及思维方式，管理好学校，带领学校可持续发展，成为从优秀到卓越的管理者。